Esperanças

FUNDAÇÃO EDITORA DA UNESP

Presidente do Conselho Curador
Mário Sérgio Vasconcelos

Diretor-Presidente
José Castilho Marques Neto

Editor-Executivo
Jézio Hernani Bomfim Gutierre

Assessor Editorial
João Luís Ceccantini

Conselho Editorial Acadêmico
Alberto Tsuyoshi Ikeda
Áureo Busetto
Célia Aparecida Ferreira Tolentino
Eda Maria Góes
Elisabete Maniglia
Elisabeth Criscuolo Urbinati
Ildeberto Muniz de Almeida
Maria de Lourdes Ortiz Gandini Baldan
Nilson Ghirardello
Vicente Pleitez

Editores-Assistentes
Anderson Nobara
Jorge Pereira Filho
Leandro Rodrigues

Paolo Rossi

Esperanças

Tradução
Cristina Sarteschi

© 2008 by Società editrice Il Mulino, Bologna
© 2010 Editora Unesp

Título original: *Speranze*

Direitos de publicação reservados à:
Fundação Editora da Unesp (FEU)
Praça da Sé, 108
01001-900 – São Paulo – SP
Tel.: (0xx11) 3242-7171
Fax: (0xx11) 3242-7172
www.editoraunesp.com.br
www.livrariaunesp.com.br
feu@editora.unesp.br

CIP – Brasil. Catalogação na publicação
Sindicato Nacional dos Editores de Livros, RJ

R743e

Rossi, Paolo, 1923-
 Esperanças / Paolo Rossi ; tradução Cristina Sarteschi. –
1. ed. – São Paulo : Editora Unesp, 2013.

 Tradução de: Speranze
 ISBN 978-85-393-0464-6

 1. Filosofia – História. 2. Filosofia – Historiografia.
3. Ciência – História. I. Título.

13-02766 CDD: 190
  CDU: 1

Editora afiliada:

Asociación de Editoriales Universitarias
de América Latina y el Caribe

Associação Brasileira de
Editoras Universitárias

Sumário

Prefácio   7

I. Sem esperanças   19

   1. Décadas de apocalipses anunciados   19
   2. Falsas profecias   20
   3. Os exibicionistas do Apocalipse   23
   4. O clima e a política: uma receita para que as incertezas desapareçam   25
   5. Intelectuais e masoquismo   32
   6. Promessas e ameaças da antropologia   34
   7. Sair do Ocidente   38
   8. O olhar onisciente   41

II. Esperanças desmedidas   43

   1. A união da utopia com a ciência   43
   2. O fascínio das revoluções   47
   3. Deus está no meio de nós   50
   4. Não podíamos?   54
   5. Super-homens   56
   6. História e destino   63
   7. Natureza dúplice   65

8. Uma definição de bondade: resistir ao conformismo   69

9. Otimismo: história e destino   72

10. Super-ratos   72

III. Esperanças sensatas   75

1. Uma metáfora de Ludwik Fleck   75

2. Uma nuvem: no futuro não há nada de usual   79

3. As esperanças de Cristóvão Colombo   83

4. Esperanças sensatas: três exemplos   85

5. Uma paz   94

6. Paz aqui e acolá   96

7. A Grande Esperança e o entusiasmo   99

8. O futuro de uma ilusão   101

9. Irreligiosidade   105

10. A esperança e a piedade   107

Referências bibliográficas   111

Prefácio

Dies irae, dies illa
solvet saeculum in favilla
teste David cum Sibilla
Tommaso da Celano, 1190/1260?[1]

Não seria hora de renunciar aos
gritos de esperança ou de desespero
dos profetas?
Norberto Bobbio, 1909-2004

1. Antes das 1.600 páginas da tradução italiana da monumental e caótica obra de Ernst Bloch sobre o *Principio speranza* (publicada pela editora Garzanti em 2005), há uma introdução que contém uma defesa aflita dos projetos globais de elaboração da história:

---

1 Dia da ira, aquele dia em que os séculos se desfarão em cinzas, testemunham Davi e Sibila. (N. T.)

O presumível crepúsculo das esperanças e das utopias sugere questões incontornáveis. É, portanto, legítimo se perguntar se o fim de algumas esperanças intencionais de caráter político coincida com o dissolver-se de toda e qualquer tendência "utópica", ou, ainda, se nossos contemporâneos efetivamente deixaram de desejar e de formular hipóteses sobre o próprio futuro.

A última parte da frase (a que segue a palavra *ainda*) me parece não ter nenhum sentido: desejar algo e formular, a tal propósito, hipóteses que se refiram ao futuro não tem, por si só, nada a ver com a dimensão utópica. Não é absolutamente verdade que se hoje, na Itália, eu quiser comprar uma casa e fizer uma previsão do empréstimo bancário necessário, vou me encontrar, por isso, inserido numa dimensão utópica ou numa filosofia da história. Com armadilhas filosóficas semelhantes a essa, quando eu era jovem, todos nós deveríamos ter nos descoberto, sem nunca ter imaginado, adeptos do atualismo de Giovanni Gentile.

Nessas mesmas páginas também encontrei escrito: "Com as revoluções modernas (que deslocam o paraíso no tempo futuro, fazendo-o descer das alturas do eterno), a esperança teológica se transformou em projeto humanamente sensato, concebível e praticável". Minha distância das teses presentes nessa introdução aumentou ainda mais. Hoje, se há algo sobre o que me parece que se possa ter certeza é o seguinte: o "deslocamento" da teologia à história foi uma clamorosa e irremediável ruína. Os paraísos do futuro não só não se realizaram, mas aquele tipo de esperança deu origem a projetos não sensatos e que se tornaram praticáveis através do uso sistemático da violência. Acreditar que projetos sensatos e praticáveis possam nascer a partir de um "deslocamento" da teologia a uma filosofia da história (ou até mesmo a uma ciência da história) foi a perigosa, falimentar e sangrenta ilusão do século XX.

Para reiterar essa tese bem conhecida, mas de fato pouco considerada nos debates filosóficos e políticos, aceitei o convite para escrever um pequeno livro com o título *Esperanças* e menos de 150 mil toques (ou seja, cinquenta de minhas laudas). Ele é subdivido em três capítulos. No primeiro, cujo título é "Sem esperanças", fala-se da literatura apocalíptica, das previsões catastróficas falidas, do fim do Ocidente, do masoquismo dos intelectuais, da premente necessidade que muitos deles manifestam de "sair do Ocidente". No segundo, intitulado "Esperanças desmedidas", se discutem os paraísos imaginários colocados num outro lugar geográfico, as expectativas excessivas, o mito do homem novo, o utopismo como ideologia difusa, o recente aumento de um agressivo super-humanismo. No terceiro, que chamei "Esperanças sensatas", retoma-se uma ideia já expressa no "ano do Senhor" 1620: é possível encontrar algumas "razões que podem nos preservar do desespero"? Enumeram-se algumas delas. Por fim, questiona-se: é verdade que os seres humanos podem se contentar com esperanças sensatas? Sobre esse tema, há referências (às vezes explícitas, outras implícitas) a Averróis, a Pietro Pomponazzi, a Giacomo Leopardi, a Sigmund Freud.

2. À imagem da filosofia como diálogo, disputa, discussão, sempre se contrapôs – desde as origens do pensamento europeu – uma imagem diferente do saber: como iniciação, revelação, proximidade aos deuses, como uma escuta de vozes inacessíveis, como um patrimônio que somente poucos podem alcançar. Empédocles prometia vencer a velhice e dominar as tempestades, usava vestes cor de púrpura, e seus discípulos lhe dedicaram sacrifícios como a um deus, depois de morto no fulgor da luz celeste. Sócrates era um tanto feio, tinha o nariz achatado, vestia-se como qualquer pessoa, andava pelas praças falando com amigos e passantes, fazendo perguntas compreensíveis e aparentemente banais, enfrentando problemas capazes de provocar o interesse de todo ser humano. Como sabemos, aquelas perguntas, com o tempo, foram consideradas perigosas.

Essa contraposição ainda perdura entre nós. Antonio Gnoli e Franco Volpi (que é o maior conhecedor e o mais inflamado propagandista da teoria heideggeriana na Itália) escreveram um pequeno livro, cujo titulo é *L'ultimo sciamano* [O último xamã], em que se fala, com relação a Heidegger maduro, de "uma visão inspirada, um comportamento xamânico ou sortílego que gostaria de restituir ao mundo seu originário encanto", de um pensamento "que se abre à dimensão do sagrado e do divino, e que promete salvação antes mesmo que verdade". Heidegger sentia que tinha uma missão e que era o detentor de um mistério do qual somente ele parecia possuir a chave. Para o filósofo, a via que conduz à verdade "não é acessível a todos os homens de boa vontade" e a verdade, o Ser, era algo que "ama se esconder", algo por sua natureza "secreto"; que não pode ser alcançado através do pensamento lógico-discursivo, mas somente entrevisto ou intuído.[2] Maurizio Ferraris falou sobre a filosofia de Heidegger como de uma "transição da fenomenologia ao ocultismo".[3] O que havia dito de diferente Jeanne Hersch, uma das alunas fascinadas pelo Grande Mestre, relembrando as lições heideggerianas de 1933?

> Em seus cursos e seminários de 1933, como também durante o debate de Cerisy-la-Salle, organizado depois da guerra, sempre tive a mesma impressão: ele não ama a verdade. Sim, busca algo, e algo muito profundo, mas não é a verdade. Recorre a fórmulas exorcísticas, como se quisesse fazer subir de debaixo da terra os vapores do ser. Repete liturgicamente tais fórmulas. Não revela a profundidade. Suscita-a. Não propõe seu pensamento ao pensamento dos outros. Impõe-no, e a imposição de seu pensamento é mais importante que seu conteúdo [...] Há algo de religioso ali, de místico, há páthos, algo de psicológico, de teológico; mas logo o autor nos garante que não há nada disso, que se entendeu mal.[4]

Ao contrário de Heidegger, mas em seu mesmo século, Bertrand Russell acreditava que a filosofia pudesse também ajudar as pessoas a viver melhor. Escreveu obras refinadas de lógica e de filosofia de

---

2 Gnoli e Volpi, *L'ultimo sciamano. Conversazioni su Heidegger*, p.8-9. Comentei de modo polêmico as teses de Franco Volpi no ensaio "Retrocesso a sciamano", *Rivista di filosofia*, XCIX, 2008, p.81-104.

3 Ferraris, *Fenomenologia e occultismo*. In: Vattimo (org.), *Filosofia '88*, p.186, 188.

4 Hersch, *Commentaire*, p.479.

árdua leitura e ainda uma grande quantidade de textos voltados de maneira clara e direta aos seus contemporâneos não filósofos. Foi detido por pacifismo. Seus livros procuravam mudar os modos de pensar e de viver não dos filósofos e dos professores universitários, mas das mulheres e dos homens de seu tempo: aqueles que se afadigam no cotidiano, que não são capazes de *pensar realmente* (já que, segundo Heidegger, é possível pensar somente em alemão ou em grego), que estão (ainda de acordo com as verdades enunciadas pelo xamã Heidegger) confinados para sempre no mundo da tagarelice e que, contudo, às vezes são obrigados a fazer escolhas categóricas, que implicam "visões do mundo", a decidir (por exemplo) continuar a combater mesmo sozinhos, depois que Hitler conquistou a Europa, ou começar a combater ao invés de fugir e se esconder.

3. Há muito tempo, os filósofos de sucesso, na Itália e no exterior, são aqueles que ostentam o próprio saber sobre a história universal, o destino da civilização, o sentido da técnica em geral, o significado global do saber científico, aqueles que sabem como e quando começaram nossos problemas e onde iremos inevitavelmente acabar. Aqueles que falam com segurança, às vezes com arrogância, sobre o Futuro como um Paraíso ou como um Inferno. Mas não me iludo. Acredito que os xamãs travestidos de filósofos ou pensadores metade filósofos e metade xamãs continuarão a gozar de largo espaço na cultura. Vejo, além disso, que a espécie xamânica ou semixamânica, nas últimas décadas, difundiu-se e reforçou-se amplamente e iniciou até mesmo a invasão pacífica do único Império que sobreviveu no segundo milênio. Também no variegado e fascinante mundo da filosofia de fato acontecem coisas imprevistas e desabam divisões e dicotomias que funcionavam (mesmo dentro do mundo acadêmico) como muros inexpugnáveis: filosofias analíticas e filosofias metafísicas; discursos científicos e discursos retóricos; quem resolvia problemas e quem os procurava; leitores somente em alemão e leitores somente em inglês; pessoas que consideravam a lógica de Hegel a elaboração de um fanático e pessoas que identificavam o pragmatismo com uma espécie de subpensamento adequado aos "criações" do Novo Mundo; estudiosos que consideravam os neoempiristas como tecnocratas desempregados e estudiosos que viam nos pensadores metafísicos somente poetas e músicos falidos. Hoje as cartas do baralho se misturaram muito e nos departamentos de Filosofia do centro do Império, dominados no passado pela filosofia finalmente científica, os sequazes de Nietzsche, Heidegger, Foucault recebem sempre maior atenção.

Talvez devêssemos aprender a entender o que Karl Löwith, aluno do xamã Heidegger, porém mais tarde tenaz opositor de sua visão do mundo, declarou em 1940, de seu exílio, ter finalmente compreendido:

> Entendi que as soluções "radicais" não são absolutamente soluções, mas somente cegos enrijecimentos que fazem da necessidade uma virtude e simplificam a vida. Mas a vida e a convivência entre os homens e entre os povos não podem ser realizadas sem paciência e tolerância, espírito crítico e resigna-

ção, ou seja, sem as virtudes que o alemão de hoje renega, julgando-as anti-heroicas, porque não compreende a efemeridade das vicissitudes humanas.[5]

Deixamos para trás, na Europa, um século que viu aumentar a esperança de vida, no qual a medicina e a ciência fizeram progressos ostensivos, e a vida de um número enorme de mulheres, homens e crianças se tornou pela primeira vez digna de ser vivida. Na segunda metade do século, a Europa cessou de ser teatro de guerras e o sonho dos primeiros europeístas não parece mais desesperadamente distante. Mas o século, como todos sabem, foi repleto de guerras, de violência, de indizíveis e inesquecíveis horrores. A Europa (não se deve esquecer jamais) conseguiu se unir também porque foi aniquilada pela náusea das inúmeras guerras que a ensanguentaram. Um século permeado de conquistas e de sangue inocente. Da mesma forma que nossos antepassados, próximos e distantes, como sempre aconteceu desde que aprendemos a acender o fogo, continuamos a oscilar, numa situação de incerteza, entre a esperança e o desespero.

Acho que depois de um monte de erros cometidos, tenha realmente chegado o momento de abandonar os profetas (mesmo aqueles travestidos de filósofos) ao próprio destino. Ao contrário dos que acreditam no Progresso, no Futuro Radiante, no Sol do Futuro, no Advento da Verdade, mesmo ao contrário dos que reescrevem o Livro do Apocalipse e profetizam um inevitável futuro catastrófico, penso que se possa somente contar histórias e que A His-

---

5 Löwith, *La mia vita in Germania*, p.51.

Esperanças

tória (ou seja, o sentido da história, sua estrutura, sua direção) nos seja e nos tenha sido sempre interditada. Que a história possa ser interpretada e iluminada pela filosofia, que a história seja pensada como um destino, foi a grande ilusão do século XX, gerada pela necessidade de preencher com uma nova ideologia o vazio deixado pela crise da religião e de responder a uma nostalgia do absoluto. Acredito também que as ilusões (como teorizou Sigmund Freud) ainda tenham um futuro à frente, e que esse futuro é mais longo do que ele mesmo, nos anos 1920, pudesse imaginar.

4. Compreender é difícil. Requer tempo e aquisição de conhecimentos e paciência. Propor remédios ou construir programas é ainda mais trabalhoso: demanda tempo e paciência e imaginação e criatividade e capacidade de fazer convergir num ponto a opinião de muitos. Manifestar indignação é, ao contrário, muito fácil.

A indignação, na cultura da esquerda, tinha sido inserida numa ciência da história. Marx escrevera o elogio da burguesia e mostrara o caminho: era preciso entender o sentido dos fatos, individualizar as linhas de tendência, agir se baseando no conhecimento, escolher o momento oportuno. Indignar-se ao invés de compreender era pouco elegante, era coisa de socialistas humanitários ou de moralistas abstratos ou de ingênuos. Mas agora o Império caiu, a teoria possui tantas lacunas, alguns milhares de pessoas vivem num regime politicamente comunista e economicamente capitalista e a grande maioria dos habitantes da Terra (à exceção dos nostálgicos da foice e martelo e dos despojos mortais de Lênin) entendeu finalmente que não é possível reduzir a história a uma ciência. Nesse contexto, indignar-se parece ser a única coisa que os intelectuais sabem fazer. Quando não se dedicam a essa atividade pouco fértil, cultivam a arte da predicação apocalíptica. Nos instantes de desalento, começo a pensar que Marshall McLuhan não estava tão errado assim quando escrevia que a indignação moral é a estratégia adequada para revestir de dignidade um imbecil.

Creio que ainda estejam à nossa frente, como metas ideais a ser atingidas, as "verdades" enumeradas por Löwith. Olhando as coisas desse ponto de vista, realmente a meta não parece próxima porque paciência, prudência, espírito crítico, aceitação dos limites, rejeição do modo de pensar por dicotomias e da tentação do tudo ou nada parece que são, para nós italianos, as coisas mais difíceis de aprender. Tenho a tentação de perder as esperanças porque ainda temos pela frente um caminho longo, muito longo.

O pano de fundo destas páginas é formado pelo que escrevi, há vinte anos, num livro publicado pela editora Il Mulino, *Paragone degli ingegni moderni e postmoderni* [Comparação das máquinas modernas e pós-modernas], do qual se está preparando uma nova edição ampliada. Passei a vida escrevendo livros e ensaios de história das ideias ao redor de quatro temas: a relação entre magia e ciência nos séculos XVI e XVII e o surgimento, na Europa, da nova ciência e de uma nova avaliação da técnica e dos instrumentos; as artes da memória, o entrelaçamento das mesmas com a tradição da arte combinatória de Raimundo Lúlio e com os projetos de línguas universais do final do século XIV até Leibniz; a chamada "descoberta do tempo profundo" entre os séculos XVI e XVIII, ou seja, a destruição da ideia de que a natureza e o homem foram criados contemporaneamente e têm, portanto, a mesma idade; o pensamento de Giambattista Vico, hoje presente na cultura como nunca, demonstrando que a grandeza dos filósofos não é necessariamente relacionada com a "atualização" dos mesmos. Tentei penetrar as estruturas conceituais do passado identificado com "um outro presente" e comunicar o sabor dos debates e das polêmicas a partir dos quais trabalhosamente surgiram as ideias que hoje definimos "nossas". Sempre recusei, como uma forma de ficção, a abordagem dos autores que partem de uma ideia correntemente aceita, retornam à sua fonte e, minimizando todo tipo de oposição a ela, nos apresentam uma história "coerente" de seu triunfo. Toda história humana é cheia de dificuldades e de incoerências. Nunca me preocupei muito em estabelecer se meu trabalho era ou não qualificável como "filosófico" e sempre tentei me adequar a uma convicção expressa por Jean Améry: "a profundidade do pensamento nunca iluminou o mundo; é a clareza de pensamento que o penetra mais profundamente".[6]

. . .

---

6 Améry, *Intellettuale a Auschwitz*, p.20.

Agradeço a Enrico Bellone e Mirella Brini Savorelli pela leitura atenta; a Beppino Bevilacqua e Daniela Steila que me ajudaram a compreender o exato significado de palavras e expressões alemãs e russas; a Andreina, Anna, Mario, Stefania, Martino e Paola que leram o original e me deram conselhos ponderados. Alessia Graziano, da editora Il Mulino, que em 1992 fez sua tese de graduação, sob minha orientação, em Florença, tendo obtido a nota máxima *cum laude*, me sugeriu integrações e modificações. Sem sua gentil e tenaz insistência, nunca teria me decidido a reunir estas páginas.

I.
Sem esperanças

Em que se fala sobre a literatura apocalíptica, sobre as previsões catastróficas duvidosas ou falidas, sobre a rejeição da incerteza, sobre o masoquismo dos intelectuais, sobre o fim do Ocidente e sobre a imperiosa necessidade de sair disso tudo.

1. Décadas de apocalipses anunciados

As ideias se difundem como as epidemias, circulam de maneira misteriosa, amiúde chegam a lugares totalmente imprevisíveis, penetrando nos cérebros quer muito devagar (eliminando aos poucos camadas e camadas de preconceitos), quer de maneira súbita, como iluminações repentinas. Com frequência se transformam em modos de pensar, suscitam comportamentos, podem até se tornar pedras e, por vezes, balas de chumbo também.

É verdade – como todos repetem – que os adolescentes, no início do terceiro milênio, estão desanimados, não esperam muito do futuro, não manifestam as vivazes paixões políticas e os entusiasmos muitas vezes pouco controlados de muitos dentre seus pais cinquentões. Sem dúvida leem pouquíssimo, mas certamente também uma grandíssima quantidade de artigos de jornal, livros, sermões televisivos de vários tipos, textos que se encontram na internet são repletos há muitas décadas de previsões catastróficas, de anúncios do Apocalipse, de discursos sobre o fim iminente, de sermões que tratam do fim de toda forma de vida e de civilização, do desaparecimento de toda e qualquer possível, mesmo tênue e pálida esperança. Escolho ao acaso entre os títulos de livros lançados na Itália depois de 1990: *Catastrofi* [Catástrofes], *Il principio disperazione* [O princípio desespero], *Sull'orlo dell'abisso* [À beira do abismo], *Progresso e catastrofe* [Progresso e catástrofe], *Nuovi rischi, vecchie paure* [Novos riscos, antigos temores], *Le nuove paure* [Os novos medos]...

2. Falsas profecias

Jornalistas famosos se abandonam com prazer à filosofia. No jornal *La Repubblica* de 5 de abril de 2008, Piero Ottone confirmou sua admiração por Oswald Spengler (que em 1918 publicou *Il tramonto dell'Occidente* [A decadência do Ocidente]). Ottone tinha retomado aquele célebre título publicado pela editora Mondadori em 1994, *Il tramonto della nostra civiltà* [O declínio de nossa civilização]. Esse declínio se apresentava a Ottone como um longo e extenuante outono que deveria ser vivido, de maneira pacata e tranquila, numa confortável poltrona. Agora parece menos tranquilo: vê no Ocidente a ausência de impulso propulsivo, acredita que nosso destino seja o de sermos vencidos por povos que, ao invés de nos agredir, fazem melhor do que nós o que conosco aprenderam a fazer, e são mais vitais, mais dispostos a fazer sacrifícios e a ter mais filhos do que nós ocidentais. Por que uma hipótese (pelo menos considerando as escolas e as universidades italianas), que parece ser uma preocupação sensata, é marcada pela filosofia de Spengler, baseada nas árduas categorias do destino e da inexorável necessidade que domina a história do mundo? Para elaborar hipóteses sobre um futuro próximo era necessário retomar verdadeiras profecias? Ou é verossímil a hipótese de que o profetismo faz parte da alta cultura, que (além de ter penetrado nos modos de pensar) permeou a filosofia e a política?

Ottone, com seu dom da elegância e da moderação, evita cuidadosamente formular previsões sobre um futuro remoto. E faz bem, pois muitos dos textos apocalípticos que se referem a um longo prazo se tornam inexoravelmente, depois de algumas décadas, livros humorísticos. Para se dar conta disso, basta tentar reler hoje um livro publicado pela editora Mondadori em 1971, cujo título é *Il Medioevo prossimo venturo* [A futura Idade Média], do engenheiro eletrônico Roberto Vacca. O autor estava realmente convencido, na época, de que fôssemos muito melhores que nossos pais ao fazer "previsões e planificações" e, portanto, tinha uma fé obstinada nas capacidades diagnósticas e programadoras do saber contemporâneo. Baseando-se em fundamentos tão frágeis, passa a descrever, com muitos pormenores, as razões do iminente e trágico declínio da civilização. Projetava detalhadamente bandos clandestinos cuja tarefa, como a dos monges na passada Idade Média, seria preparar o Novo Renascimento. A seu ver, seria oportuno que os grupos "conservadores de cultura" se munissem de "sal, açúcar, álcool, pontas de furadeira, placas de metal duro, parafusos de aço inoxidável, fios de cobre, munições para armas portáteis". Até para quem, como eu, leu apaixonadamente muitas obras de ficção científica, tudo isso é bem pouco divertido. Porque, ao contrário dos autores de ficção científica, Roberto Vacca devaneia sossegadamente e escreve com um estilo linear. Narra suas fábulas com ar de quem, de modo educadamente impessoal, "diz coisas sérias" pois "está falando de algo científico". Tem a delicadeza de avisar os leitores que, com tais fundamentos, se sente autorizado a falar "de uma era intermediária que está apenas começando, enquanto na Idade Média passada não se falou dela antes que a mesma terminasse". Somente quinze anos mais tarde anuncia, com a mesma ênfase, o início de um novo e iminente Renascimento.[1]

Um Novo Renascimento talvez tenha dado seus primeiros e não previstos passos na Índia e na Coreia do Sul, depois do declínio de um Império e do início do terrorismo em escala mundial. Mas vale a pena continuarmos a analisar as profecias "científicas" do início da década de 1970. Num livro que continha um relatório escrito em 1972 pelo Mas-

---

1 Vacca, *Rinascimento prossimo venturo*, 1986.

sachusetts Institute of Technology para o Clube de Roma (mais tarde traduzido e publicado pela Est Mondadori),[2] um grupo de ilustres cientistas, depois de várias páginas de tabelas, gráficos, estatísticas, explicações do que é um modelo e outras coisas mais, informava ao incauto e confiante leitor que o petróleo iria se exaurir em 1992, o mercúrio e a prata em 1985, o estanho em 1987, o zinco em 1990, o metano em 1994, o alumínio em 2003. Em 1993 teríamos já esgotado o cobre e o chumbo e ainda há mais tempo o ouro e o mercúrio. Que no famoso relatório sobre os limites do desenvolvimento, escrito por cientistas ilustres, houvesse embustes gigantescos como os citados anteriormente é ignorado por completo pelo grande público, mesmo por quem lê jornal todos os dias. A razão é muito simples: os futurologistas não se preocupam muito com os possíveis desmentidos. Eles chegam, quando chegam, décadas ou até mesmo séculos mais tarde.

3. Os exibicionistas do Apocalipse

Há muito tempo (como é sabido por todos os historiadores) as profecias têm mais a ver com o desespero do que com a confiança, e Cassandra é (certamente não por acaso) a mais conhecida entre as profetisas. Os intelectuais parecem ter uma irresistível vocação para indicar estados de decadência ambiental, política, econômica, moral. Amam mais a veste dos arautos do desespero que a dos anuncia-

---

2 Cf. www.fabiofeminofantascience.org/FUTURESFUTU-ROLOGY.

dores das esperanças. Oliver Bennett escreveu um livro inteiro, cujo título é *Pessimismo culturale* [Pessimismo cultural], para mostrar como os intelectuais colocam no centro da cultura termos como queda, declínio, decadência, degeneração, ruína, fim, mal--estar, niilismo. Também fazem parte dessa grande família de conceitos muitos termos iniciados pelo prefixo "pós": de fato, quando se fala de pós-moderno, assume-se que um determinado fim, mais ou menos dramático, já tenha ocorrido. É, sem dúvida, verdade que a essa difusão contribuíram as horríveis tragédias e os terríveis acontecimentos da primeira metade do século XX, mas também é verdade, como afirma Bennett, que existe bem pouco, nas ideias do século XX, sobre a decadência e o "suicídio", ou sobre o fim ou o declínio da civilização, que não retome amplamente as ideias dos séculos anteriores e, de modo especial, as ideias da segunda metade do século XIX. Max Weber tinha falado de "uma gélida, obscura e rígida noite polar" que aguardava a humanidade no futuro, e Friedrich Nietzsche tinha interpretado qualquer, mesmo vago, aceno ao progresso como uma patética farsa, impotente diante dos túmulos e das tragédias da história. Para explicar as "decadências" que investem o ambiente, os valores, a cultura, a vida intelectual, a economia, a política, Bennett recorre principalmente à psicologia clínica. Creio, ao contrário, que a força ou a aderência do pessimismo nas consciências seja ligada a três diferentes e não facilmente superáveis razões. O pessimismo parece sempre (muitas vezes de forma barata) mais nobre e profundo do que uma visão que se refira às razões da esperança. Muitas pessoas acreditam que choramingar ou se lamentar tenha algo a ver com a cultura (em geral são os mesmos que acreditam que ficar profundamente indignado ou se proclamar "diferente" seja o mais elevado e o único modo possível de fazer política). Por fim (mas esse é somente um chiste), os pessimistas têm sempre aquele ar de ser otimistas melhor informados.

4. O clima e a política: uma receita para que as incertezas desapareçam

Alarmismo e pessimismo cósmico são, sem dúvida, prevalentes quando se trata de clima. Talvez valha a pena deixar a um especialista em filologia o estudo de um cotejo entre o texto original do chamado Protocolo de Quioto e os inúmeros artigos que foram publicados nos jornais logo depois de sua divulgação. Das discussões dos especialistas, o que chega aos ouvidos do público? Como se formam ou são concebidas as opiniões dos cidadãos que poderão ser chamados a votar sobre temas que têm a ver com a ciência? Não faz muito tempo, Franco Battaglia (no *Il Giornale* de 8 de junho de 2001) justamente chamou a atenção sobre o fato de que um documento preparado pelo IPCC (Intergovernmental Panel on Climate Change) em novembro de 1995 foi reescrito a partir das negociações entre os funcionários de vários governos. Às páginas dos jornais e aos ouvidos dos políticos e dos cidadãos chegou apenas aquele sumário que continha exclusivamente afirmações "politicamente corretas". Quando acontecem (e, pelo que parece, acontecem com frequência) coisas desse tipo, todas as afirmações brandas e todas as declarações de incerteza tendem a desaparecer. No texto inicial desse documento se afirmava que as futuras emissões de gases nocivos "são o produto de sistemas dinâmicos muito complexos, e que sua evolução futura é enormemente incerta". Reconhecia-se também que "cada cenário inclui necessariamente elementos subjetivos, sendo aberto a várias interpretações".

No ensaio "Mito e realtà dei cambiamenti climatici globali"[3] [Mito e realidade das mudanças climáticas globais], Emilio Gerelli documentou com clareza a técnica, hoje amplamente difusa, de uma solicitação das publicações científicas. A primeira frase do sumário de um relatório sobre a mudança do clima, preparado, a pedido da Casa Branca, pela US National Academy of Sciences, e divulgado em junho de 2001, afirmava de modo claro que "os gases nocivos, produzidos pelas atividades humanas, se acumulam na atmosfera terrestre, provocando um aumento da temperatura do ar e da superfície dos oceanos". No final do relatório, percebe-se que a enfática afirmação inicial é, na verdade, sujeita a não poucas incertezas. De fato, nesse relatório está escrito que:

> Por causa do grande e ainda incerto nível das variações naturais inerentes à determinação do clima e às incertezas relativas ao período de tempo e aos vários agentes responsáveis (em especial os aerossóis), não é possível estabelecer com certeza uma ligação causal entre o acúmulo dos gases nocivos na

---

3 *Economia Pubblica*, n.5, 2002.

Esperanças

atmosfera e as variações do clima observadas durante o século XX.

A Groenlândia foi colonizada pelos vikings entre 985 e 1300. *Green Land* significa terra verde. As geleiras tinham se retirado e o mar penetrava nos fiordes verdejantes. Na Inglaterra, entre os séculos IX e XIV, cultivavam-se vinhedos. Para um geólogo ou um estudioso do clima, esses são assuntos recentes. Antes que a Groenlândia verdejasse, houve certamente um período em que ela era tão ou mais recoberta de gelo que hoje. A história da Terra se caracteriza por repetidas eras glaciais durante as quais havia calotas de gelo tão grandes quanto continentes. As geleiras se estendiam no passado até a atual zona temperada e tinham uma tríplice extensão comparada à de hoje. Nos longos períodos de tempo intercorrentes entre as eras glaciais, as geleiras eram reduzidas ou ausentes. "Os vestígios da descontínua presença das geleiras foram de fato reconhecidos na sucessão de rochas e sedimentos que documentam a história geológica, até a mais de 3 bilhões de anos do presente".[4] Portanto, a Terra "se aqueceu" várias e várias vezes, e há quem fez notar a pequena era glacial e a relativa grande carestia de 1315-1321, como também os períodos de intenso calor do século XVI, nos quais "nunca choveu o suficiente para que se molhasse uma camisa".[5]

---

4 Orombelli, "Le glaciazioni e le variazioni climatiche", *Le scienze della Terra: una chiave di lettura del mondo in cui viviano*, p.135-48; Hambrey, "The record of Earth's Glacial Climate during the Last 3000 Ma", *Terra Antartica Reports*, 3, 1999, p.73-107.

5 Camuffo, "Et era ogni cosa arsa", *Il Sole 24 Ore*, 20 jul. 2003.

"A acentuada fase de contração glacial atual", escreveu Giuseppe Orombelli, "não parece justificada somente pelas causas naturais e pode ser considerada como forçada pelas atividades humanas."[6] Para explicar as oscilações glaciais seculares ou de várias décadas, "considera-se que mesmo as modestas mudanças causadas pelo homem, sobrepondo-se à variabilidade natural, podem produzir resultados amplificados ou de todo modo não facilmente previsíveis, com consequências ambientais negativas". Entre os que suportam tal tese se encontram, afirma Orombelli numa entrevista publicada em *Scienzaonline*, "talvez mais de 90% dos pesquisadores que se ocupam explicitamente desse assunto". Como sempre acontece quando se manifestam divergências no seio das comunidades científicas, alguns se interrogaram: há alguma relação entre os fundos destinados à pesquisa e tais teses? Outros foram além e questionaram: quem limitasse o alcance das mudanças provocadas pelo homem poderia hoje contar com fundos? Talvez seja uma coincidência, mas, além de algumas poucas exceções, os que limitam o alcance da intervenção humana não pertencem ao mundo dos meteorologistas.

De fato, os mais fortes dissensos não provêm dos membros da comunidade dos meteorologistas. Em 2001, um manifesto assinado, entre outros, por Franco Battaglia, Carlo Bernardini, Tullio Regge, Giorgio Salvini e Silvio Garattini, relacionava a uma cultura regressiva "a atribuição quase ex-

---

6 Orombelli, "Le variazioni dei ghiacciai alpini negli ultimi diecimila anni", *Quaderni della Società Geologica Italiana*, mar. 2007, p.11.

clusivamente às atividades antrópicas de efeitos, por si mesmos preocupantes, nas mudanças climáticas, características do planeta Terra há milhões de anos".[7]

As declarações de incerteza incomodam demais todos os que (e são a maioria) precisam se sentir com os pés apoiados num sólido chão. Entre os mais hábeis transformadores das hipóteses em certezas, encontram-se sem dúvida os jornalistas e os políticos profissionais. Grandes transformações climáticas são características do planeta Terra há alguns milhões de anos. Ocorrem mudanças que nos são apresentadas como preocupantes. Não é comprovado que a atividade humana seja uma das mais importantes causas de tais alterações. Nem todos os estudiosos do clima concordam com isso. Mas jornalistas da imprensa escrita e televisiva comunicam ao grande público previsões catastróficas. Em 15 de setembro de 2007, no jornal *Corriere della Sera*, Franco Prodi, um dos mais conhecidos climatologistas italianos, protestou energicamente contra a afirmação, feita numa conferência sobre as mudanças climáticas (com inevitável e alarmado eco na imprensa), de que a temperatura tinha aumentado na Itália quatro vezes mais que no resto do planeta. Era uma falsidade. A contribuição humana para a elevação da temperatura, afirmava Prodi, é provável. Mas quantificá-la constitui o verdadeiro problema.

"No estudo do clima", escreveu Guido Visconti, "a separação entre ciência e política já não existe

---

7 www.cidis.it/articoli/vari/galileo2001.htm.

mais."[8] Para se ter certeza disso, basta ler o posfácio escrito por Judith A. Layzer e William R. Moomaw ao límpido e equilibrado livro de Kerry Emanuel, *Piccola lezione sul clima* [Breve lição sobre o clima], no qual se diz:

> Nos últimos cinco anos, todavia, os cientistas conseguiram desenvolver uma sólida linha de pesquisa que reforça a tese do aquecimento global e desacredita com firmeza a posição contrária. Antes de mais nada, um consenso científico internacional sempre mais evidente e mais convicto do impacto humano no clima tornou absurdas as afirmações que queriam dividir os cientistas.[9]

Há dois argumentos que não surgem quase nunca ao se falar de clima: o estatuto científico das ciências meteorológicas e as intrincadas conexões entre ciência e política. O modo em que essa conexão tem se articulado levou um estudioso como Guido Visconti a abandonar por um período suas pesquisas sobre o ozônio estratosférico e sobre a química da troposfera para tentar "sistematizar" a quantidade de informações sobre o clima que "na maioria dos casos, são incorretas ou exageradas, ou exageradamente alarmantes". Visconti não aceita os tons beligerantes, o radicalismo e a presunção que caracterizam uma parte não irrelevante das teses sobre o clima. Polemiza contra a imagem de

---

8 Visconti, "Scienziati Usa insieme a Bush", *Corriere della Sera*, 29 abr. 2001.

9 Layzer e Moomaw, "Postfazione". In: Emanuel, *Piccola lezione sul clima*, p.89.

uma ciência arrogante e de maneira muito perspicaz compara a atividade do meteorologista com a do médico que, depois da anamnese e da consulta, formula uma hipótese sobre os exames a ser feitos para poder chegar a um diagnóstico e a um tratamento. Acredita que nas ciências atmosféricas os dados e as provas são exíguos e que em alguns casos as teorias são inexistentes ou incompletas, certamente incapazes de ser transformadas em previsões. Considera que ainda não tenha sido encontrada uma resposta definitiva à seguinte pergunta: é verdade que o calor de 2003 foi causado pelo fato de que o homem aumentou o nível de emissões de gases nocivos nos últimos 150 anos? Ressalta a superficialidade dos que não consideram com atenção a ausência de modelos ou teorias capazes de explicar a riqueza dos dados que derivam da sondagem feita através de coleta de amostras cilíndricas profundas de geleiras e sedimentos oceânicos, e entretanto "juram sobre a validade das previsões sobre o futuro do clima da Terra". Visconti se distancia de modo radical daquela que define "a total falta de escrúpulos de uma classe científica que parece se preocupar muito mais em manter viva uma fonte de financiamento do que com o problema relacionado à exatidão do método de pesquisa". Não é otimista quanto ao futuro da Terra, mas tem ideias claras sobre as previsões climáticas destes nossos anos: "Alguém as comparou com a leitura das palmas das mãos por uma quiromante que usa o computador. Na realidade, não estamos muito longe disso".[10]

---

10 Visconti, *Clima estremo. Un'introduzione al tempo che ci aspetta.*

5. Intelectuais e masoquismo

Sem dúvida, o pessimismo e a predicação de um iminente Apocalipse são "frutuosos" e conferem fama. Os intelectuais têm além disso uma forte inclinação para o exagero e o inefável. Foram e são muitas vezes propensos a considerar que as instituições das sociedades nas quais vivem estejam a serviço de forças do mal. Por essa razão admiram e promovem regimes políticos capazes das piores atrocidades e desprezam o mundo no qual o destino os colocou (por sorte deles, mas com grande e nobre sofrimento dos mesmos).

É impossível, a essa altura, não citar as amplamente estudadas tendências masoquistas existentes no meio intelectual. Expressam-se nas maneiras mais diferentes. Mesmo quem não julga o Ocidente uma encarnação do mal pode repentinamente demonstrar uma infinita e quase mística admiração por quem pretende destruí-lo. Pietro Citati escreveu, por exemplo, que Osama bin Laden e seus sequazes "possuem uma aptidão para a política como ninguém no mundo atualmente. Têm uma imaginação grandiosa, uma vontade férrea, uma lucidez racional extrema, uma intuição potentemente simplificadora das coisas, uma audácia intelectual assustadora".

Estamos na iminência de uma síndrome de Estocolmo antecipada ou até mesmo crônica. Como Riccardo Chiaberge já ressaltou num breve mas lucidamente corrosivo comentário, a literatura pode pregar peças: de tanto se frequentar o Sublime, pode-se tomar os "Osamas" por demônios à maneira de Dostoievski, e (como aconteceu a um péssimo maestro durante o sequestro de Moro)[11] uma potência atuada por geômetras com uma "força geométrica".[12]

Podemos reunir, nessa área, uma série de excitadas e quase incríveis afirmações. Um outro exemplo: Guido Ceronetti[13] falou da loucura de quem tinha construído "aquelas infelizes torres gêmeas", afirmando que a ideia de reconstruí-las é "da mesma natureza tenebrosa do projeto terrorista que as destruiu". Concluiu maravilhosamente esses nobres raciocínios comparando a Europa, assediada pelo fundamentalismo, a "enormes nádegas à espera de um adequado supositório".

Dois dias após eu ter escrito estas linhas, apareceu sobre minha escrivaninha o livro de Pascal Bruckner, *La tirania della penitenza. Saggio sul masochismo occidentale* [A tirania da penitência. Ensaio sobre o masoquismo ocidental], que discorre de maneira brilhante sobre o motivo recorrente da autoflagelação. E cita Louis Aragon: "Mundo ocidental, estás condenado à morte [...] Somos aqueles que sempre estenderão a mão ao inimigo". Bruckner, nascido em 1948, aluno de Roland Barthes, teórico da libertação sexual, parisiense genuíno e esquerdista desde sempre, apresenta uma tese forte em seu livro. Nos europeus contemporâneos há um impulso de autofustigação e um consenso à servidão, uma invencível tendência ao masoquis-

---

11 Aldo Moro, importante político e acadêmico italiano, sequestrado e assassinado pelo movimento terrorista de esquerda Brigate Rosse em 1978. (N. T.)

12 Chiaberge, "Gli apocalittici cantori di Osama", *Il Sole 24 Ore*, 4 abr. 2004.

13 *La Stampa*, 28 mar. 2004.

mo. Para os europeus, existir significa se desculpar e a Europa, orgulhosa de bater no peito com ostentação, "reivindica para si o monopólio universal e apostólico da barbárie". Quando o espírito crítico se revolta contra si mesmo, tende a se devorar numa espécie de autocanibalismo. Entretanto, nos faz lembrar sabiamente que considerar a si mesmo como o rei da infâmia significa se colocar no ponto mais alto da história. Como explicou Freud, o masoquismo não passa de sadismo às avessas, desejo de domínio dirigido contra si mesmo: a Europa acredita (e tem orgulho disso) ser a origem de todo o mal que aflige o gênero humano, e exibe sua maldade como outros mostram as próprias condecorações. O autor lembra frequentemente que o sentimento antiocidental tem, no Ocidente, uma sólida e nobre tradição que se inicia no século XVI, depois das descobertas americanas, e vai além de Sartre.

6. Promessas e ameaças da antropologia

Como a grande maioria dos filósofos parisienses, Bruckner lê provavelmente apenas livros anglo-franceses. Talvez não imagine que sua polêmica não seja uma invenção muito recente. Acredito que o que ainda torna atuais tantas páginas de Ernesto de Martino seja também sua vigorosa polêmica contra aquelas que ele, depois de ter ilustrado as "promessas", denominava "ameaças" da etimologia. A utilização das categorias do existencialismo e da fenomenologia, o interesse, que foi muito forte, pela psicopatologia, a incidência dos escritos de Heidegger e de Jaspers, a leitura de Mircea Eliade e de Lévi-Strauss: tudo isso nunca chegou a afastar De Martino de sua tese basilar, segundo a qual a experiência da diversidade e da compreensão (quer do primitivo, quer do psicótico) não pode coincidir em nenhum caso com uma renúncia masoquista.

> Sem um empenho pelo sentido de nossa história, é vão tentar entender o sentido da história dos outros, nem nunca poderemos compreender melhor quem somos nos colocando como apátridas frente a outras civilizações, indefinidamente disponíveis a qualquer pátria que possa nos seduzir. A verdade é que o Ocidente tem orientado sua escolha na direção da consciência, da persuasão, do prestígio moral, da poesia, da ciência, da vida democrática, do simbolismo civil.

Para De Martino, a tese de que "a cultura tenha origem humana e destinação humana não era uma entre as tantas teses possíveis sobre a cultura e as instituições". Seja qual for o sistema de escolhas culturais que nos aguarda no futuro, ele concluía, "cai integralmente na esfera dessa nossa escolha". Aquelas que De Martino chamava as "ameaças da etimologia" – nas décadas depois de sua morte – aumentaram pavorosamente. Como ele temia, a abordagem sobre outras civilizações muitas vezes se transformou "num frívolo desfile de modelos culturais lançados na passarela da ciência por um frígido apátrida com função de antropólogo infinitamente disponível a possíveis gostos culturais".[14]

Não eram essas as ideias que fizeram com que De Martino se tornasse famoso durante as décadas

---

14 Martino, *Il mondo magico*, p.86-7, 213.

de 1960 e 1970. O entusiasmo de algumas feministas e de muitos expoentes do 68 pelo mundo mágico as tornava completamente ultrapassadas. Quando foi publicada em 1973 uma nova edição de *Il mondo magico* [O mundo mágico], o editor sentiu a necessidade de que Cesare Cases escrevesse a introdução. Cases tinha dedicado boa parte de sua cáustica mente à análise a partir de posições de esquerda (mais de esquerda, impossível) de autores colocados à extrema direita (mais de direita, impossível). Outra, não irrelevante, parte de sua atividade, no final da década de 1950, tinha sido dedicada à defesa da pureza do marxismo como "concepção do mundo", polemizando contra Giulio Preti, contra o neoempirismo e contra aquelas que (na linguagem pseudomilitar usada na época pelos progressistas) ele definia "suas infiltrações nas forças da esquerda".

Em sua introdução, Cases – defensor de um marxismo puro contra as infiltrações e mitigações – estava preocupado principalmente em indicar os limites, ou seja, as falhas da posição de De Martino. Através das lentes paleomarxistas de Cases, o livro tinha um defeito imperdoável: não era bastante antiocidental. Na introdução aparecem, como reprovações ou objeções a De Martino, as seguintes expressões: "a civilização ocidental não é contestada em suas estruturas, mas na falta de consciência da gênese das mesmas"; para De Martino, "os tribunais da civilização ocidental são óbvios, e não se contesta sua essência, mas somente sua arrogância"; De Martino remete "às não consumadas energias que plasmam a civilização ocidental" e nela deposita "muita confiança"; considera por fim "a razão ocidental como um dado". Antecipando as modernas e globais rejeições de Asor Rosa, suscitando o interesse de adeptos de Evola que, da extrema direita, já tinham negado a essência do Ocidente havia muito tempo, Cases afirmava que: devem ser contestadas tanto as estruturas quanto a essência da civilização; a mesma consumiu todas as energias que a plasmaram; reduziu-se a pura e simples negatividade. A libertação do homem consistia, portanto, em "se desvencilhar da civilização ocidental". Que alguém pudesse se desvencilhar da civilização em que "nasceu e cresceu" é exatamente o contrário do que De Martino sempre defendera e afirmara, como se diz, com unhas e dentes, durante seu longo caminho intelectual.

Para os jdanovistas (ou seja, os sequazes do implacável e obtuso censor soviético Andrei Alejandrovitch Jdanov) que presumiam saber o que era certo e o que era errado e queriam orientar toda escolha cultural possível, De Martino era um irracionalista ou, no mínimo, um estudioso que tratava com facilidade excessiva teses e autores ambíguos ou perigosos que era melhor não publicar e um dever não divulgar; para os que, nas décadas sucessivas, tentaram transformá-lo num parceiro de Adorno e da *Dialética do Iluminismo*, cada declaração de fidelidade aos valores da razão é, por parte de De Martino, somente a tentativa, mais ou menos desajeitada, de "romper o isolamento recorrendo a coberturas que lhe permitam usar instrumentos irracionalistas sem ser considerado um irracionalista".[15] Usando métodos inquisitoriais (do gênero "diz algo, mas não o pensa realmente"), destrói-se exatamente o

---

15 P. e M. Cherchi, *De Martino*, p.227.

espaço que De Martino tinha construído com muito esforço; é processado pelo crime de uma presumível incoerência. Para De Martino, a ambiguidade não estava dentro de nós, mas nas coisas. O mundo mágico está atrás de nós, mas também dentro de nós, está sempre próximo de nós como uma alternativa, uma tentação, uma saída. A magia tem a ver com o narcisismo, e talvez aquele "sempre" poderia também significar "para sempre".

7. Sair do Ocidente

O principal problema de muitos intelectuais italianos de esquerda (da esquerda chamada radical ou alternativa) parece ser o de sair do Ocidente. O modo escolhido por Alberto Asor Rosa para efetuar essa operação nada fácil é o mais completo e sofisticado que se possa imaginar. Uma coisa são os tons apocalípticos, as vagas menções aos livros, e outra coisa é uma *full immersion* no livro do Apocalipse de João. Para não deixar a menor dúvida sobre sua plena e total, quase profissional, pertinência à enorme categoria dos teóricos e anunciadores do Fim, Asor Rosa nos conta ter ficado impressionado mais com a grande contiguidade de imagens do que com a verdadeira analogia de temas, de ter confirmado com uma nova leitura o sentido da descoberta (que inicialmente era um sentido "velado") e de ter então escrito um livro que lhe teria permitido "pôr em recíproca relação um plano de reflexão temporal e um plano extratemporal, que em geral seguem separados e incomunicáveis". Provavelmente convencido de que de tal forma realizara o sonho concebido em vão por Hegel, Asor Rosa esclarece que ter recorrido aos livros sagrados respondera à necessidade de "preencher a nua, empírica, cotidiana e muitas vezes sórdida frequentação da história com algumas perspectivas menos precárias e transitórias do que aquelas com que nos distraímos todos os dias".[16]

Asor Rosa devia estar realmente muito cansado das precárias distrações com coisas transitórias. De fato, em 1992 declara: 1) não possuir "uma vocação pessoal para escrever de modo apocalíptico"; 2) não desejar "favorecer uma retomada" desse gênero literário. Contudo, exatamente dez anos mais tarde, retorna àquele gênero e escreve um outro livro cujo título é *La guerra. Sulle forme attuali della convivenza umana* [A guerra. Sobre as formas atuais da convivência humana], no qual reintroduz o trecho do raciocínio anterior e se confronta mais uma vez com o Apocalipse. Quando o discurso "cotidiano e normal parece sempre menos adequado à necessidade", Asor Rosa nos diz que ouve um burburinho contínuo, um tipo de ruído de fundo, uma voz antiga que é para ele o livro do Apocalipse de João.[17] Confuso com o rumor, Asor Rosa não zela o bastante pela coerência de suas afirmações: na metade da página 12, afirma categoricamente: "não quero ensinar a ninguém como se comportar", e no início da página 13 declara "propor uma nova ética, ou melhor, um novo princípio de responsabilidade" do tema público. Na página 159 é muito mais explícito: "não tendo nunca sido pacifista por princípio, a

---

16 Asor Rosa, *Fuori dall'Occidente, ovvero ragionamento sull'Apocalissi*, p.vii, viii.

17 Asor Rosa, *La guerra. Sulle forme attuali della convivenza umana*, p.11.

guerra em si não me indigna". O que o desagrada não é a guerra, mas o massacre, ou seja, a guerra conduzida por quem é militarmente superior contra quem é menos armado e menos preparado para o combate. O capítulo "Macellai bene organizzati" [Açougueiros bem organizados] introduz a distinção entre açougueiros e militares e certamente não importa que eu explique aqui com qual dos dois grupos Asor Rosa identifica os soldados americanos. Nessas páginas – das quais no passado se dizia serem escritas admiravelmente – emerge com força o tema da guerra cavalheiresca: a que deve ser combatida em paridade.

Norberto Bobbio escreveu: "Fora do Ocidente. Mas para ir aonde?". E continuava: podem-se ressaltar somente os aspectos negativos de uma civilização na qual não só foi projetada, mas também, mesmo se de modo imperfeito, atuada uma sociedade aberta e pluralística em que é possível resolver os contrastes sem recorrer à violência? Se é verdade que a história não se constrói com os "se", é também verdade que também não se constrói com "ou tudo ou nada". Além disso, a expressão *sair do Ocidente* não serve a nada. Como também não serve a nada o aceno de Asor Rosa a uma "reforma interior". O comportamento apocalíptico não contempla outra saída que não seja o triunfo de todo o Mal ou o triunfo de todo o Bem. A história é, ao contrário, um entrelaçamento de bem e de mal ou, pior, de atos que são julgados por alguns como bons, e por outros como maus. Não seria hora de renunciar aos gritos de esperança ou de desespero dos profetas?[18]

---

18 Bobbio e Asor Rosa, *Dialogo sull'Apocalissi*, p.138-43.

Que a história seja um entrelaçamento de bem e de mal – afirma Asor Rosa em sua resposta – "é exatamente tudo o que afirmo ao longo do livro". Para demonstrá-lo, cita um trecho da página 95:

> Mesmo quando o conflito entre Bem e Mal se desenvolve no plano *relativo* da história humana, e portanto Bem e Mal são também eles, nos respectivos domínios, relativos, entre ambos se estabelece uma igual relativa interdependência da qual devemos nos resignar a nunca sair.

Mas agora – essa é a tese central do livro – estamos fora daquele plano relativo. "É a absolutização do conflito, que se desenvolve a partir da absolutização dos princípios contrapostos, que produz o Apocalipse".

Asor Rosa, vulcânico estudioso da língua, da literatura e da cultura italiana, não sabe ou finge não saber que a diferença entre um apocalíptico e um não apocalíptico é exatamente esta: o primeiro considera terminada a época do caráter relativo de Bem e de Mal e concluída e superada a época da interdependência Bem/Mal, enquanto o segundo se resigna à ideia de que de tal interdependência não é possível, de modo algum, sair.

8. O olhar onisciente

Hans Jonas uma vez afirmou que o tema principal de seu pensamento "não é mais o desejo de saber, mas sim o medo do futuro".[19] O Apocalipse

---

19 Jonas, *Sull'orlo dell'abisso*, p.77.

como um dever, como a única saída possível, como a digna, obrigatória e única resposta plausível a uma escolha moral radical: "Se não deseja se tornar um charlatão da verdade, o filósofo deve se transformar em exibicionista do Apocalipse".[20] O dilema é, ao mesmo tempo, atroz e falso.

Quem rejeita energicamente esse dilema não deseja excluir catástrofes, declínios e tragédias. Considera que, no emaranhamento de bem e de mal no qual nos é consentido viver, não se possa somente oscilar entre a esperança e o temor e, no que se refere ao futuro, seja possível somente levantar hipóteses de curto prazo, sabendo que elas mesmas também são bastante incertas. Vários autores acreditam possuir um olhar onisciente que vê a história de cima e de longe, lendo-a como se fosse um grande romance ou um drama já escrito e recitado por alguém. Fala-se de "olhar onisciente", ao se fazer referência a um autor, a propósito das histórias de ficção chamadas romances. Se, ao contrário, não se trata de histórias inventadas, mas da história real, a presunção de se ter o ponto de vista do autor e de possuir um olhar onisciente não é risível somente por uma razão: essa presunção provocou inúmeros mortos e uma quantidade indizível de dor.

---

20 Portinaro, *Il principio disperazione. Tre studi su Günther Anders*, p.31.

II.
Esperanças desmedidas

Em que se discorre sobre os paraísos imaginários dispostos no Futuro ou num Outro Lugar, sobre o Homem Novo, sobre as esperanças excessivas, sobre a utopia, sobre a história como unidade decifrável, sobre a nova ideologia do Transumanismo que nos consola pelo fim das ideologias.

1. A união da utopia com a ciência

"De cada qual, de acordo com suas capacidades; a cada qual, de acordo com suas necessidades." Essa expressão, repetida por tanto tempo, tantas vezes e por tantas pessoas, faz parte do âmbito teórico do marxismo e significa que a cada um – no futuro comunismo concretizado – será garantida, independentemente de suas capacidades, a satisfação das próprias necessidades materiais e espirituais. Se não se acredita num Paraíso como lugar de eternas beatitudes, reservado por Deus às almas dos justos como prêmio pelo comportamento das mesmas na Terra, é possível imaginar algo mais? Se não se acredita no Paraíso celeste, o que se pode *esperar mais?* Jovens e idosos, capazes e menos capazes, mesmo os incapazes: todos liberados das necessidades, todos aptos a satisfazê-las. A esperança num futuro de irmandade fez que na tradição do socialismo o Futuro pudesse ser identificado com o surgir de um sol. Mas na enunciação do marxismo tal esperança atinge seu auge: um mundo liberto da pobreza, das guerras, da violência e exploração e prepotência. "Um reino de Deus sem Deus", o proletariado como povo eleito que conduz à redenção, como escreveu Karl Löwith. Aqui a esperança corre o risco de se parecer demais com o tipo de esperança que caracteriza as religiões. "O final do túnel", como desejava Ernst Bloch, "pode ser avistado, certamente não da Palestina, mas sim de Moscou: *ubi Lenin, ibi Jerusalem*".[1] Superando dimensões aceitáveis, a esperança se transforma, mais ou menos lentamente, em certeza. Identifica-se com ela. Torna-se desmedida.

Há setores do saber nos quais é possível fazer previsões exatas em que coincidem explicações e previsões. Se conhecemos bem as leis do movimento de um planeta, podemos dizer com certeza qual será sua posição num futuro longínquo. Há leis na história? Se for possível determiná-las, amplia-se o campo das previsões admissíveis. A transformação das esperanças em certezas se deve também ao fato de o marxismo ter se apresentado

---

1 Löwith, *Significato e fine della storia*, p.67, 73; Bloch, *Il principio speranza*, p.702, 716.

Esperanças

como uma passagem bem-sucedida do socialismo da utopia à ciência. Afirmou-se que, com o marxismo, a história se tornou uma ciência e que Marx foi o Galilei dessa revolução. O marxismo concebido como ciência aumenta as certezas, prospecta um caminho descritível e (em grandes linhas) narrável. Ele aponta as linhas de todo o processo da história e coloca o presente (todo presente) num contexto que tem direções, linhas de desenvolvimento, um sentido determinável. Também para quem (como Bloch) confere à utopia um papel decisivo, o marxismo "se relaciona de maneira adequada com o futuro", dado que nele se realiza "a unidade de esperança e de conhecimento do processo".[2]

Se da história surge uma ciência, se há uma *ciência da história*, ela abrange ao mesmo tempo (obviamente) o passado e o futuro. Somente no comunismo, quando o proletariado terá abatido o capitalismo,

> a anarquia na produção social é substituída pela organização consciente a partir de um plano. A luta pela existência individual acaba. Desse modo, em certo sentido, o homem separa-se definitivamente do reino animal e passa da condição de vida animal à condição de existência efetivamente humana.

Pela primeira vez, os homens se tornam donos da natureza e da própria organização em sociedade. As leis da sociedade, que estavam diante deles como leis de natureza a eles estranhas, podem agora ser dominadas.

---

2 Bloch, op. cit., p.13.

As forças objetivas e estranhas que sempre dominaram a história passam a ser controladas pelos próprios homens. Somente a partir desse momento os homens construirão conscientemente a própria história, somente a partir desse momento as causas sociais desencadeadas por eles terão prevalentemente e sempre mais os efeitos desejados pelos mesmos. Esse é o salto da humanidade do reino da necessidade ao reino da liberdade.[3]

Na linguagem mais imaginosa de Bloch: "o supremo ideal político, o reino da liberdade, como *summum bonum* político [...] constitui a finalidade, ou seja, o último capítulo da história do mundo".[4]

Do mundo da necessidade ao mundo da liberdade. Sem ilusões utópicas, mas com a firme convicção de que, diferentemente do passado,

> as proposições teóricas dos comunistas não se baseiam de maneira alguma em ideias, em princípios inventados ou descobertos por esse ou aquele reformador do mundo, mas são simplesmente expressões gerais de relações de fato, de uma existente luta de classes, ou melhor, de um movimento histórico que se desenrola diante de nossos olhos.

Essa frase do *Manifesto comunista* evita que se faça qualquer contestação a essas proposições teóricas: não são teorias, exprimem diretamente relações de

---

3 Engels, *Anti-Dühring* (1878), *Terza Sezione: Socialismo II. Elementi teorici.*

4 Bloch, *Il principio speranza*, p.205.

fato, e essas relações *se veem*. São verdadeiras, como é verdadeira a afirmação *"está chovendo"*, se estiver chovendo. Se for verdade que nosso conhecimento das leis de desenvolvimento da natureza é um conhecimento válido, que tem o valor de uma verdade objetiva – afirmará Stálin em 1945 –, "deduz-se que a vida social e o desenvolvimento da sociedade são conhecíveis e que os dados da ciência sobre as leis de desenvolvimento da sociedade são dados válidos, que têm o valor de verdades objetivas". Para o Instituto de Filosofia da Academia das Ciências da União Soviética, as leis da dialética constituíam (em 1958) "leis de desenvolvimento, quer do ser, quer da consciência"; a dialética subjetiva era um reflexo da dialética objetiva.

Entre as proposições teóricas próprias do marxismo há também afirmações relativas ao futuro. Muitas se referem a um futuro longínquo. No *Manifesto* há inclusive uma proposição, hoje desmentida pelos acontecimentos, a qual afirma que "a sociedade toda está se dividindo cada vez mais em dois grandes campos inimigos, em duas grandes classes diretamente contrapostas uma à outra: burguesia e proletariado".

2. O fascínio das revoluções

Se diante de mim tenho a libertação de todos os seres humanos, a passagem do reino da necessidade ao reino da liberdade, um mundo sem guerras, sem prevaricações e sem violência, será que, para conquistar esse mundo, eu devo antes não somente me empenhar e lutar, e correr riscos e descontar anos de prisão e combater, e também atravessar um inferno? E não se pode, nesse contexto, pensar que é justo que o Partido (que é a vanguarda consciente do proletariado) deva ser de todo modo defendido e salvo e que por ele se possa não somente ser disposto a se sacrificar, mas também a atravessar um inferno *verdadeiro*, até mesmo mentir, até mesmo assumir culpas não próprias, até mesmo (como aconteceu na Itália no pós-guerra) ir para a prisão por um homicídio não cometido para não entregar, ao inimigo de classe, o nome de um companheiro que se sabia ser culpado? Não poucos que lutaram e sofreram por aquele Paraíso perceberam de repente que estavam atravessando um Inferno. Alguns poucos narraram isso, outros aguardaram por muito tempo antes de fazê-lo, outros ainda calaram conscientemente ou deram uma versão edulcorada.

A revolução soviética exerceu uma fascinação imensa nos intelectuais de toda a Europa, como demonstrou admiravelmente Paul Hollander, que escreveu (em 1981) um livro de quinhentas páginas para descrever e comentar as "viagens devocionais", feitas pelos intelectuais, à União Soviética. Diante da vastidão e da persistência desse fenômeno, Hollander escreve que subestimara "a obstinação que existe na vontade de se iludir, a incapacidade de aprender através do passado e, principalmente, a reserva de hostilidade que há em relação às sociedades ocidentais". Como foi possível que pessoas sensíveis, cultas e dotadas de espírito crítico achassem fascinantes a Rússia de Stálin ou a China durante a Revolução Cultural? Tal fascínio era proporcional à antipatia que os intelectuais nutriam pela sociedade na qual viviam: aumentava de maneira diretamente proporcional ao asco que nutriam pelo próprio mundo.[5]

Essa forte repugnância se devia ao fato de que – com base em inéditas mesclas obtidas através de filosofias muito diferentes entre elas – o mundo moderno foi muitas vezes representado (a um enorme público) não como um edifício que precisava ser reformado, mas como um amontoado de destroços. Nas últimas décadas do século XX, a crítica ao existente se tornou muito rápido o pretexto para o repúdio da sociedade em geral, para uma agressão aos valores do conhecimento e para a defesa dos instintos. Entre as décadas de 1960 e 1980, a ideia de que existam, em cada sociedade, "vínculos de fato" que concernem à produção e à organização social foi liquidada em nome da não licitude de impor normas à imaginação e ao jogo dos desejos. Naqueles anos, a tolerância foi apresentada a muitos jovens como uma forma de debilidade burguesa. Zombou-se da democracia como se fosse uma estrutura puramente formal, expressão do domínio de poucos patrões sobre muitos escravos. Predicou-se que os direitos do homem eram uma expressão da ideologia burguesa ou o superado vestígio de uma filosofia que ainda insistia em falar da existência do homem e do sujeito. Identificaram-se as maiorias com uma massa de iludidos e de ingênuos que devem ser perenemente despertados por algo externo. Ensinou-se a olhar para as pessoas com um amor genérico barato e com o substancial desprezo que se sente por aqueles que nunca parecem poder ser protago-

---

5 Hollander, *Pellegrini politici: intellettuali occidentali in Unione Sovietica, Cina, Cuba*, p.17, 19, 29, 32.

nistas. Partiu-se da convicção de que os indivíduos nunca sabem qual é seu verdadeiro bem e que cabe aos intelectuais e às "vanguardas" lhes explicar qual é o caminho certo a seguir.

Alguns também aprenderam a se considerar como membros de uma vanguarda pensante e a julgar as próprias ideias como reveladoras do sentido profundo e "objetivo" da história que, segundo eles, era completamente desconhecido pela maioria dos demais. Muitos se sentiram como anunciadores da Verdade e do Valor, não de uma verdade e de um valor entre muitos outros. Convenceram-se de que a verdade pode ser manipulada em vista de um fim que justifica tudo porque se identifica com a solução definitiva dos problemas do gênero humano. Alguns, poucos, também aprenderam a apelar a pretensas "necessidades objetivas" da sociedade e da história para infligir aos outros a dor, o sofrimento, a prisão, a morte.

3. Deus está no meio de nós

Deus está no meio de nós (que também significa dizer que o Bem e a Verdade e os Valores estão no meio de nós) é uma expressão conhecida que muitas vezes guiou, no decorrer da história, o comportamento de grupos humanos. Deu-lhes força, capacidade de resistir à violência dos outros, como também sofrer o martírio sem renegar a própria fé. Mas, sem dúvida, também serviu para aumentar a agressividade e a força na batalha contra os inimigos e muitas vezes se identificou com o que denominamos intolerância, facciosismo ou fanatismo.

Esperanças

O regime nazista, que fez imprimir em relevo nas fivelas o mote *Gott mit uns* (que antes pertencera à família real da Prússia), foi descrito pelo papa Bento XVI como "um regime infausto que acreditava possuir todas as respostas", como "um monstro" que tinha aniquilado os anos de sua juventude.[6]

Não sei se o pontífice – notoriamente empenhado numa batalha filosófica contra o relativismo – considera que "possuir todas as respostas" seja ilícito e perigoso em política e que, ao contrário, seja desejável e benéfico no caso da religião (ou de uma dentre as religiões). De todo modo, é verdade que a convicção de *possuir todas as respostas* é decerto mortalmente perigosa porque não deixa nenhum espaço ao futuro, imobiliza a vida intelectual, elimina as novas questões, transforma toda e qualquer diferença em culpa e todo e qualquer desacordo num perigo que deve ser abolido. Pode-se, ao contrário, acreditar que as questões sejam tão importantes quanto as respostas, que a variedade de opiniões faça parte do âmbito da fisiologia e não do âmbito da patologia e que a multiplicidade das opiniões seja, por conseguinte, um bem que deve ser defendido e não um mal que deve ser extirpado.

O fanatismo, que pode ser definido exatamente como a convicção de que é necessário extirpar a variedade de opiniões, realmente abalou o mundo, inclusive o mundo contemporâneo. O termo totalitarismo se refere tanto ao comunismo quanto ao

---

6 Discurso de Bento XVI aos jovens e aos seminaristas, Nova York, 19 abr. 2008. (http://www.vatican.va/holy_father/benedict_xvi/speeches/2008/april/documents/hf_ben_xvi_spe_20080419_st-joseph-sem).

nazismo, mas nunca se deve esquecer que o nazismo não propunha, como ideal ou como meta final, a libertação de todos os homens, mas o predomínio de uma raça eleita, a raça dos patrões. Desejava "a vitória do melhor e do mais forte e a subordinação do pior e do mais fraco" e acreditava que essa sua convicção fosse "conforme à eterna Vontade que domina o universo". Num futuro longínquo, está escrito em *Mein Kampf* [Minha luta], os homens deverão afrontar problemas tais que poderão ser resolvidos somente por uma raça superior, "uma raça de dominadores, que disporá dos meios e das possibilidades na Terra inteira".[7]

Hitler identificou nos judeus o inimigo do gênero humano e acreditou que ele mesmo fosse um salvador. Prometeu ao seu povo instaurar um império destinado a durar mil anos, no qual a raça dos dominadores teria subjugado as raças inferiores, levadas à escravidão. Continuamos ainda a nos questionar como e por que essas ideias conquistaram o mesmo povo que tinha dado ao mundo Kant, Goethe, Bach e Mozart e que, no pós-guerra, criou uma sólida democracia. Durante aqueles anos terríveis, julgou-se que mereciam ser – e foram – mortas milhões de pessoas, não pelo que *tinham feito*, mas pelo que *eram*. "Os judeus", escreveu Joseph Goebbels no *Das Reich* de 16 de novembro de 1941,

> são uma raça de parasitas que se expande como mofo pútrido dentro da civilização dos povos sãos, mas com pouco instinto. Contra tudo isso, há somente um remédio eficaz: incidir e arrancar. [...] O fato de

---

7 Hitler, *La mia battaglia*, 1940, p.9-10.

Esperanças

que o judeu viva ainda entre nós não comprova que seja um dos nossos, como a pulga não é considerada um animal doméstico simplesmente porque se encontra em nossas casas.

O sadismo não basta certamente para explicar o horror de Auschwitz, nem das fossas onde foram mortos, depois de junho de 1941, numa área que abrangia desde o Mar Báltico até toda a Rússia Branca, muitos milhares de seres humanos. Ficar na beira de uma grande fossa e matar com um tiro na nuca uma pessoa depois da outra, durante muitas horas por dia, repetir essa ação dia após dia, deslocando-se em fossas diferentes, exigiu a fanática convicção de estar cumprindo algo imundo, mas *necessário*. Baseada na ideia de estar fazendo algo que alguém tem de conseguir fazer, assumindo a obrigação de livrar o mundo de insetos e de parasitas que têm apenas a aparência humana. O homicídio, o assassínio de inocentes se torna uma forma de desinfestação. No aterrorizador "discurso secreto" (de fácil consulta na internet) que foi lido por Heinrich Himmler em Poznań, em 4 de outubro de 1943, aos oficiais da SS se pede exatamente isto – sujar as mãos a fim de fazer uma tarefa necessária para a história do mundo, mantendo um absoluto e total desinteresse pessoal na própria vida:

> Muitos de vocês sabem o que significa quando cem cadáveres estão enfileirados um ao lado do outro. Ou quinhentos. Ou mil. Ter resistido e, ao mesmo tempo, além de poucas exceções causadas pela fraqueza humana, continuar a ser pessoas honestas, eis o que nos tornou tão fortes. É uma página de gló-

ria da nossa história que nunca foi divulgada e nunca deverá ser conhecida.

Creio que Hannah Arendt estava coberta de razão. Para definir o totalitarismo não basta a construção de uma sociedade de massa sem classes e sem pluralismo nas instituições, não basta que o Estado se torne o instrumento de uma política revolucionária promovida por um partido único, não basta a utilização do terror, não basta a existência de um chefe supremo, não basta a convicção de que é possível alterar a natureza humana. Todo regime totalitário tem a pretensão de possuir a lógica profunda da história, seu sentido: assumindo tal ponto de vista, todo homem pode parecer um suspeito ou um inimigo do gênero humano. Todo regime totalitário atribui a si mesmo uma missão de salvação e deve enfrentar um inimigo mortal.

4. Não podíamos?

Muitos, no ponto em que nos encontramos, parecem renunciar à ideia de construir Paraísos na Terra, e sobretudo à ideia de que hoje valha a pena sacrificar vidas em nome de Paraísos futuros. De tal modo, parece também oportuno renunciar à pretensão totalmente injustificável e demoníaca de se encontrar na crista de uma onda de longo alcance da história e, por isso, certamente "ter razão". É fácil pensar que temos razão se estamos certos de que a história possui uma direção, se acreditamos conhecer as várias fases de seu avançamento. O que fiz então pode ser julgado errado *hoje*, mas *na ocasião* era correto. Ouvi muitos depoimentos e li muitos livros e muitas autobiografias em que – com base num historicismo barato – se justifica tudo e se eliminam as categorias do erro e da culpa.

Acredito principalmente que seria necessário abandonar justificativas como: nós, violentos instauradores do Paraíso futuro, "não podíamos ser gentis", e vocês, que poderão (por mérito nosso) ser humanos e gentis, deverão se lembrar de nós (quando terá terminando esse período de trevas, naquele futuro ou lugar de liberdade imaginário) e ser indulgentes conosco (e com nossas "mãos sujas"). Os célebres versos de Bertold Brecht[8] foram difusamente utilizados para construir uma perfeita máquina absolutória. Diante desses versos tão intensos, tantas vezes lembrados com expressão solene por vários expoentes da esquerda, deveríamos nos questionar: a difusão de tais versos e a citação repetida dos mesmos não se devem também (e friso a palavra *também*) ao fato de parecerem dar (ou efetivamente dão) a muitos uma sensação de alívio? O que significa realmente (seja para Brecht, seja para os que o citam) a expressão *não podíamos*? Que não havia alternativas e tudo o que foi feito está certo? Que, embora vivendo do lado de cá da "cortina de ferro", não era possível se opor à existência dos gulags, aos processos da década de 1930, ao enforcamento de grupos inteiros de dirigentes, ao silêncio imposto a poetas e escritores, à condenação da relatividade como ciência burguesa, à destruição da genética na União Soviética e aos triunfos de Lys-

---

8 Brecht, *Poesie*, p.312.

senko? Deveríamos realmente acreditar que *não era possível* fazer nada diferente do que foi feito?

5. Super-homens

"Se não queremos cair numa forma de teologia histórica", escreveu em 12 de agosto de 1983 o "marxista leopardiano" Sebastiano Timpanaro numa carta a Rocco Mario Morano,

> temos de reconhecer que nada nos garante a vitória final e perene do progresso [...] me parece extremamente inverossímil que a espécie humana, única entre todas as outras, seja destinada à imortalidade, mesmo se o Sol tiver se resfriado (ou mesmo se o desenvolvimento capitalista, antes que um verdadeiro comunismo chegue a interrompê-lo, tiver poluído o ambiente até torná-lo inabitável).[9]

Timpanaro, que era um grande estudioso, tinha contudo ideias estranhas sobre o modo em que o ambiente havia sido maltratado nos países do socialismo real e talvez não considerasse que, dentro do marxismo da URSS, tinham existido personagem ilustres caídos havia tempos, a propósito de imortalidade, em formas de "teologia histórica". Anatóli Lunatcharski, Máximo Gorki, em parte o próprio Trotsky sofreram a influência de correntes religiosas e acreditaram que a humanidade da qual

---

9 Cortesi e Timpanaro, "Marxista e leopardiano", *Giano*, 36, set.-dez. 2000, http://www.odradek.it/giano/archivio/2000/Cortesi36.html.

Esperanças

falavam os socialistas pudesse ser representada como um deus vivo. Daniela Steila escreveu:

> Que a ciência pudesse chegar a vencer a morte era uma ideia muito comum nos ambientes revolucionários na época. O autor anônimo de uma *Ética proletária*, apreciada entre outros por Lunatcharski, considerava possível atingir até mesmo a imortalidade individual; mesmo N. A. Rozkov, um historiador bolchevique que tinha uma posição próxima a Bogdanov em política e ao energetismo em filosofia, atribuía à descoberta das leis da energia e ao desenvolvimento da medicina a tarefa de vencer a morte dos indivíduos.[10]

Andrei Platonov, que propôs abater com material explosivo as montanhas do Pamir para fazer entrar no Norte os ventos do Sul e transformar a tundra gelada numa terra fértil, escreveu em seu romance *Kotlovan*: "O marxismo pode fazer tudo. Por que você acha que Lenin jaz intacto em Moscou? Está aguardando a ciência, quer ressurgir do mundo dos mortos".

Personagens como esses são citados como precursores do transumanismo que teve uma verdadeira explosão no final da década de 1980. Em 1988 a revista *Extropy, The Journal of Transhumanist Thought* [Extropia, Revista do Pensamento Transumanista]

---

10 Steila, *La religione dell'umanità. Gli inizi del collettivismo di Gor'kij (1907-1910)*. p.303-25. Cf. também *Death and Anti-death in Russian Marxism at the Beginning of the 20th Century*. In Ch. Tandy (ed.), *Death and anti-Death*, vol. 1: *One Hundred Years After N. F. Fedorov (1829-1903)*, Palo Alto, Ria University Press, 2003, p.101-30.

começou a ser publicada. Nela escreviam pessoas que se interessavam por nanotecnologias, engenharia genética, robótica, exploração do espaço, crescimento econômico, pelas relações entre ciência e política. Nick Bostrom, um filósofo sueco nascido em 1973, obteve seu PhD na London School of Economics e fundou em 1998 (juntamente com David Pearce) a World Transhumanist Association. Desde 2005 é diretor do Oxford Future of Humanity Institute. Expôs com grande clareza as teses principais e os objetivos do transumanismo num longo ensaio dedicado aos valores transumanistas.[11] O objetivo declarado é promover uma abordagem entre diferentes disciplinas a fim de "compreender e avaliar as oportunidades abertas pelos avanços das técnicas com a finalidade de potenciar a condição humana e o organismo humano". Trata-se de se mover na direção de uma radical extensão da própria noção de saúde, de debelar as doenças, eliminar o sofrimento não necessário, incrementar as capacidades intelectuais, físicas e emotivas dos seres humanos. Outros temas de estudo e de projeção característicos são relacionados com a colonização do espaço e a criação de máquinas superinteligentes. O transumanismo não coincide com uma forma de otimismo tecnológico. De fato, tem-se a plena consciência de que as extraordinárias possibilidades oferecidas pela técnica podem ser empregadas também para finalidades negativas ou más.

O transumanismo nutre a esperança de transformar radicalmente a condição humana, criando

---

11 Bostrom, *Transhumanist Values*, www.nickbostrom.com/ethics/values.html.

seres que tenham maiores e mais amplas capacidades do que as que caracterizam os seres humanos de hoje. O objetivo declarado é "ir além de nossos limites biológicos atuais", recorrendo à medicina e à tecnologia. O chimpanzé não dispõe dos instrumentos cognitivos necessários para compreender o que significa ser um humano: do mesmo modo, é provável que nós homens não disponhamos das capacidades para compreender realisticamente o que pode ser um transumano, em relação ao qual, como claramente se pode deduzir do contexto, estamos no mesmo nível de um chimpanzé.

Bostrom se detém longamente sobre a duração da vida. Levanta hipóteses sobre a manutenção da unidade e da identidade da pessoa na situação pós-humana. Afronta o tema da acessibilidade à dimensão do pós-humanismo e se move na dimensão do politicamente correto, declarando que sexismo, racismo, especismo, nacionalismo agressivo, intolerância religiosa são totalmente inaceitáveis. Bostrom se dá conta de que a paz entre as nações, a cooperação internacional, a afirmação de uma cultura fundada no debate público, a mentalidade crítica, o espírito empresarial deveriam se instaurar *antes* do sucesso do transumanismo. Mas não parece muito preocupado com o *antes* e o *depois*. O programa, a tal ponto, se configura como um *pós--humanismo para todos*. Um dos valores indicados no texto é o de um acesso aberto, formulado da seguinte maneira:

Não é suficiente que o reino do pós-humano seja explorado por alguns. A plena realização do valor central do transumanismo requer que, idealmente, qualquer pessoa tenha a oportunidade de se tornar um pós-humano. Seria *suboptimal* se a oportunidade de se tornar pós-humano se restringisse somente a uma elite exígua.

Na Itália, os temas do transumanismo não suscitaram interesse entre os adeptos e os estudiosos de Nietzsche, nem mesmo entre os filósofos que de várias maneiras se interessam pelo tema *"além do homem"*. Apresentaram-se mais nos ambientes ligados à filosofia política. Marcello Veneziani escreveu em 2005 um breve artigo contra o sonho do homem novo que sobrevém não através das ideologias ou da literatura, mas através das ciências e das biotecnologias. Respondeu-lhe Riccardo Campa, que publicou, em 2008, um *Manifesto dos transumanistas italianos* e que nutre sólidas convicções sobre a possibilidade de extrapolar dados a partir do presente.

É claro que, depois de se ter descoberto como transferir um tipo de consciência à máquina, isso irá se tornar uma operação barata de rotina. Haverá supercomputadores do futuro em que poderão ser arquivadas ou fundidas milhares ou milhões de consciências. Exatamente esta é a questão: poderiam nascer entidades pensantes coletivas, tão inteligentes a ponto de atingir níveis divinos.

Para os pós-humanos será mais simples "viajar no espaço, locomover-se no vácuo cósmico durante períodos de tempo enormes e em distâncias abismais". Diante da pergunta: haverá no futuro uma humanidade que habitará em ambientes artificiais e uma elite composta por pós-humanos com corpos sintéticos?, Campa responde categoricamente:

> Posso garantir que esse é o cenário que meu movimento quer evitar. Se, como se insinua em vários blogs da rede, os transumanistas são os manipuladores do planeta [...], por qual razão buscamos informar o maior número de pessoas possível sobre as novas tecnologias e sobre os cenários futuristas?

Não se trata de viver uma vida um pouco mais longa, "trata-se de fazer despertar a espécie humana, conferindo-lhe uma meta heroica, titânica, prometeica". Quando os transumanos chineses ou indianos transpuserem essa fronteira, "compreenderemos que somos nós o terceiro mundo. Eles com inteligência, força, longevidade potenciadas; nós sempre os mesmos. Poderemos somente trabalhar para eles. Sermos seus empregados ou talvez seus servos".[12]

No site da Associação Italiana de Transumanistas são citados mais de sessenta artigos publicados em jornais de grande difusão nos dois anos sucessivos à fundação da associação. Na revista florentina *Iride*, Ubaldo Fadini, Gaspare Polizzi e Mario Porro discutem, no número de agosto de 2004, sobre o livro de Roberto Marchesini, *Discussione su "Post-human. Verso nuovi modelli di esistenza"* [Discussão sobre *"Post-human. Alcançando novos modelos de existência"*]. Na internet há uma quantidade impressionante de material. Sobre esses temas con-

---

12 www.transumanisti.it/3_articolo.asp?id=37.

vergem expoentes da direita e da esquerda, embora, em vários casos, a polêmica seja animada. Campa escreve seus primeiros artigos no jornal *Movimento Operaio* e define o transumanismo como "uma doutrina filosófica pertencente à família das ideologias progressistas". Mas Stefano Vaj, em *Biopolitica. Il nuovo paradigma* [Biopolítica. O novo paradigma], declara-se adepto da eugenética e seu livro é considerado uma obra neonazista. Uma recensão sobre a obra é publicada pelo jornal *La Padania*.[13] Adriano Scianca colabora com o jornal do partido Alleanza Nazionale.[14] Imagina uma batalha identitária, um Fronte do Ser "contra o não ser da homogeneização, do desarraigamento, da dissolução na mefítica mistura ocidental", quer instituir um projeto histórico e formar "uma comunidade de destino". Escreve:

> o magma incandescente do imaginário tecnocientífico não conseguiu, até hoje, desvincular-se da gaiola opressiva do "projeto iluminista", se não na literatura. Apenas no âmbito da ficção científica se indagou profundamente sobre a capacidade mitopoiética da ciência: podemos encontrar isso nas naves espaciais com propulsão nuclear em *Alien*; no loiro replicante *Übermensch* que viu "coisas que vocês, humanos, não podem nem mesmo imaginar" e que é perseguido pela humanidade corrupta e degenerada

---

13 Cf. M. Grandi, "Il drago transumanista", *Rinascita*, 21 jun. 2007. O *La Padania* é o jornal do partido italiano autonomista e conservador Lega Nord. (N. T.)

14 Ex-partido nacional conservador italiano, composto por pós-fascistas e conservadores. (N. T.)

de *Blade Runner*; e até mesmo nos robôs dos desenhos animados japoneses, que tanto inquietaram os censores progressistas pela "perigosa" fascinação heroico-tecnológica suscitada nas crianças.[15]

6. História e destino

São bem poucos os historiadores que se deram conta de que a chamada "descoberta do tempo profundo" (ou seja, a descoberta de um passado de bilhões de anos, ao invés de poucos milhares de anos) é uma das descobertas que mudaram significativamente a filosofia, as ciências, o modo de pensar. Aldo Schiavone coloca tal descoberta (e a contraposição entre os tempos lentíssimos da natureza e os tempos rápidos da cultura) no centro de seu afortunado e límpido breve ensaio *Storia e destino* [História e destino]. Acredita que o gênero humano chegou ao fim de sua infância, que não existe mais uma "natureza" que possa ser considerada como norma, que a própria natureza se transformou em história, que num futuro próximo o gênero humano será destacado da natureza da espécie, que o patrimônio genético poderá ser manipulado livremente, que as conexões entre cérebro e circuitos eletrônicos poderão consentir até mesmo o abandono da forma corpórea tradicional.

Schiavone fala sobre as perspectivas "futurológicas" da ciência e da técnica, porém não considera minimamente (ou não quer considerar) a prolife-

---

15 www.centrostudilaruna.it/battagliaidentitaria.html.

rante literatura analisada até aqui. Com exceção do livro já citado de Roberto Marchesini, que julga "precursor", não fala nem dos transumanistas nem dos ectópicos, nem na presença dos temas do transumanismo na cultura da direita e da esquerda. Parece não se dar conta de que um debate (acirrado) já começou e define seu ensaio como "manifesto de um novo humanismo". Mas o termo *humanismo*, num contexto que se remete ao transumanismo, não perde quase completamente o significado?

Mesmo porque (digamos entre parênteses) as relações entre as comunidades científicas e a política sempre foram incertas e problemáticas. Na *Nova Atlântida* de Francis Bacon, os cientistas neoatlânticos vivem sós. O trabalho dos mesmos (e seu aspecto) lembra um tipo de sacerdócio, um "campus" destacado do mundo, num lugar tranquilo para se fazer pesquisa, sem as preocupações dos reles mortais. Os cientistas têm consciência de que o próprio saber contém algo perigoso e fazem reuniões para decidir quais descobertas podem ser divulgadas e quais não. Caso uma descoberta não possa ser divulgada, juram guardar o segredo. Algumas dessas descobertas são passadas ao Estado. Outras (porque muito perigosas) não são reveladas ao Poder. Hoje isso não pode mais acontecer. Mas ainda há dificuldades. Leo Szilard, amigo e colaborador de Einstein, era um grande físico do século XX que, durante a guerra, teve de frequentar muitos expoentes políticos. Lembrando dessa sua experiência, escreveu: "Quando um cientista diz alguma coisa, seus colegas logo se questionam se o que ele falou é verdade. Quando um político diz alguma coisa, seus colegas se perguntam antes de mais nada: 'por que ele disse isso?'".[16]

Creio que o livro de Schiavone tem como defeito o otimismo tecnológico, e é uma pena que o autor não tenha lido os transumanistas que falam sobre a "mefítica mistura ocidental" e pretendem "formar uma comunidade de destino". A essa altura, deve--se discutir sobre esses temas, levando-se em consideração os conselhos de Jürgen Habermas: diversas culturas poderiam desenvolver um processo de

> auto-otimização genética do gênero humano em direções diferentes, pondo dessa maneira em discussão a unidade da natureza humana como fundamento através do qual todos os homens puderam se entender até agora e se reconhecer, reciprocamente, como membros de uma mesma comunidade moral.[17]

7. Natureza dúplice

É sem dúvida apreciável se opor enfaticamente, como faz Schiavone, a um futuro "cheio somente de ameaças e monstros", mas não se deveria considerar irrelevante o chamado, em outros tempos, tema da *natureza dúplice* dos seres humanos. Nas últimas linhas de *A origem do homem* (1871), Charles Darwin afirmava que a origem animal do homem tinha deixado nele uma marca indelével, que se apresentava como uma presença inquietante:

---

16 Szilard, *La voce dei delfini*, p.25.

17 Habermas, *Il futuro della natura umana: i rischi di una genetica liberale*, p.44.

Devemos reconhecer, parece-me, que o homem com todas as suas nobres qualidades, com a simpatia que sente pelos seres mais degradados, com a benevolência que estende não somente aos outros homens, mas também aos mais humildes entre as criaturas viventes, com um intelecto quase divino que penetrou no movimento e na estrutura do sistema solar – com todas essas potentes faculdades –, o homem conserva ainda, em sua estrutura somática, a marca indelével de sua proveniência de uma forma inferior.[18]

Em seus escritos, Darwin expusera os mesmos conceitos de modo mais incisivo: "Nossa origem (*descent*) se encontra na raiz (*origin*) de nossas paixões más. O diabo, sob forma de babuíno, é nosso avô".[19]

Em *O estranho caso do Dr. Jekyll e Mr. Hyde* (publicado em 1886), Robert Louis Stevenson divulgou essas teses ao grande público. A cada dia, escreve Henry Jekyll em sua "completa explicação do caso", eu me aproximava sempre mais de uma verdade cuja descoberta parcial me condenou a um monstruoso naufrágio. O homem tem uma natureza dúplice e pode-se até mesmo levantar a hipótese de que ele "será ao final conhecido como um mero complexo de múltiplas entidades, incoerentes e independentes uma da outra". Não é certamente por acaso que, quando se desencadeiam a raiva e o furor, no famoso romance, Stevenson cite os macacos:

---

18 Darwin, *L'origine dell'uomo*, p.243.
19 *Charles Darwin's Notebooks 1836-1844*, p.29.

Mr. Hyde empunhava uma bengala pesada, que agitava nervosamente [...] de repente explodiu numa cólera frenética, batendo o pé no chão, brandindo a bengala e gesticulando [...]. O velho senhor deu um passo para trás, com ar de grande surpresa e também de ressentimento. Foi então que Hyde desencadeou sua fúria e com um único golpe o fez estatelar-se ao chão. Em seguida, com a raiva de um macaco, pisoteou-o e deu-lhe tantas pancadas que o corpo até levantava do chão e podia-se ouvir o ruído dos ossos quebrados.[20]

Sigmund Freud pensava que havia mesmo sido mérito de Darwin ter decisivamente abalado a narcisista ilusão de que existia uma diferença de essência entre o homem e os animais. Não satisfeito de ser o senhor dos animais, o homem interpôs um abismo entre si mesmo e os outros animais, atribuindo-se uma alma imortal, rompendo assim suas ligações com o mundo animal: "as pesquisas de Charles Darwin e de seus colaboradores e predecessores puseram fim, pouco mais de meio século atrás, a essa presunção do homem". O homem no curso da história da civilização se elevou a senhor de seus animalescos companheiros de criação. Não satisfeito com tal predomínio, começou a interpor um abismo entre os mesmos e o próprio ser. Atribuiu-se uma elevada origem divina que lhe permitiu romper suas ligações com o mundo animal. O homem provém da série animal e é mais ligado a algumas espécies animais e menos a outras. As recentes conquistas da civilização não fazem que

---

20 Stevenson, *Il dottor Jekyll e altri racconti*, p.42, 77.

sejam eliminadas as provas da paridade com o animal, que existe tanto na estrutura corpórea quanto em suas capacidades psíquicas.[21]

O mal, a agressividade, a raiva, a violência (tudo aquilo que a moral classifica como pecado) não derivam – como na tradição cristã – de uma queda do homem, do abandono de um estado originário de perfeição. No início o homem não era de forma alguma puro e inocente. Era, ao contrário, um animal agressivo e selvagem – uma "fera cheia somente de estupor e bestialidade", como descreveu Giambattista Vico. Que nele se manifestem a raiva e o furor não depende de uma queda, mas sim de uma ascensão. O homem ascendeu à civilização, não parece mais com um lobo entre lobos. Pode ser que ele se tenha civilizado muito rapidamente. De qualquer modo, seu caráter de fera nunca foi eliminado totalmente e tende sempre a emergir dentro dele, rompendo a sutil camada de civilização.

A afirmação, muito difundida no passado, de que os macacos antropomorfos possuem uma índole totalmente pacífica e não territorial é falsa. Nem é possível tomar os chimpanzés como exemplo para confirmar a tese da natureza pacífica dos seres humanos. Hoje as teses de Jane Goodall, que na década de 1960 apresentava o chimpanzé como se fosse o bom selvagem do filósofo suíço Jean-Jacques Rousseau, foram desmentidas. Do mesmo modo, também foi refutada a tese de que os chimpanzés são pacíficos como prova para negar uma natureza humana agressiva. Sabemos que os chimpanzés "caçam os macacos não antropomorfos, rompem-lhe o

---

21 Freud, *Freud con antologia freudiana*, p.247-8.

crânio e os comem vivos, revelando-se carnívoros". Como bem escreveu Frans de Waal, as posições extremas devem ser evitadas cuidadosamente, como também a tentação de substituir Rousseau por Hobbes. A violência dos chimpanzés não é de forma alguma frequente: "podem se tornar violentos, mas a comunidade dispõe de potentes sistemas de controle e de equilíbrio".[22]

8. Uma definição de bondade: resistir ao conformismo

Tudo ficou mais complicado depois que se compreendeu que a ferocidade e o sadismo dependem não tanto da *natureza*, do caráter ou da *índole* de cada pessoa, mas sim do grupo de inserção e das situações concretas nas quais os seres humanos se encontram.

Uma incrível quantidade de pessoas de ânimo civil e gentil, catapultadas numa guerra, ficaram abismadas com a facilidade com a qual os homens matam. Dentre os inúmeros testemunhos, Simone Weil diz a Georges Bernanos, numa carta que ele guardou na carteira até sua morte:

> Pessoalmente, tive a sensação de que, quando as autoridades temporais e espirituais separaram uma categoria de seres humanos daqueles para os quais a vida humana tem um preço, não há nada de mais natural para o homem que matar. Quando se sabe que é

---

22 Waal, *La scimmia che siamo: il passato e il futuro della natura umana*, p.34-7.

possível matar sem que haja o risco de ser castigado ou receber a reprovação dos outros, mata-se; ou, pelo menos, há sorrisos de encorajamento aos que matam. Se por acaso no começo se sente um pouco de repulsão, essa sensação é calada e logo sufocada porque se teme dar uma impressão pouco viril. Há uma certa fascinação, uma embriaguez à qual é impossível resistir se não se possuir uma força de caráter que devo considerar excepcional, pois não a encontrei em lugar nenhum.[23]

Christopher Browning descreveu como quinhentos reservistas de meia-idade – a maioria operários ou funcionários, chefes de família, e que formavam um batalhão da polícia alemã que atuava na Polônia – se transformaram em assassinos de civis indefesos, incluindo mulheres e crianças. "Quem entra, de modo aparentemente voluntário, no sistema percebido como legítimo, se sente deveras vinculado".[24] A sociedade por um lado refreia certas formas de violência, mas desencadeia outras. Stanley Milgram e Philip Zimbardo[25] tentaram esclarecer através de suas pesquisas a permeabilidade entre bem e mal e o extraordinário e incrível peso exercido pela deferência à autoridade e pelo conformismo nos comportamentos cruéis e perseguidores. Bom parece ser

---

23 Weil, *Sulla guerra. Scritti 1933-1943*. p.49-54, cit. em Rossi Monti, "'Sarete come dèi': fascino della forza e conformismo sociale in due episodi bellici", em *Intersezioni*, XXVII, 2006, p.13-38. A partir desse ensaio obtive as informações sobre Browning, Milgram e Zimbardo.

24 Browning, *Uomini comuni*, p.180.

25 Milgram, *Obbedienza all'autorità*, 1975; Zimbardo; *L'effetto Lucifero*, 2008.

somente quem, em situações críticas, consegue resistir à deferência e ao conformismo.

O homem – como sabemos há muito tempo – não é uma entidade confiável. Schiavone pensa que se trata de uma posição provisória. Parece acreditar que "um homem que finalmente domine a própria forma biológica" seja mais confiável do que o homem que conhecemos. Não lhe bastam Euclides, Sócrates, Jesus de Nazaré, Dante, Shakespeare, Bach e Newton para considerar que possa de algum modo parecer sensata (mesmo aos que não acreditam na existência de livros sagrados) a afirmação bíblica segundo a qual o homem é feito à imagem e semelhança de Deus (Gênesis 1,26-27; 3,21). Quer mais. Pensa que somos uma "instável estrutura de transição" e que estamos percorrendo o caminho para alcançar uma forma de verdadeira semelhança a Deus que é também "a realização de nosso futuro". Mesmo a partir de um outro ângulo de observação e assumindo uma perspectiva distante do sentimento religioso, "o ponto de chegada", escreve, "continua a ser idêntico [...] e surge a questão da entrada e do instalar-se do infinito na historicidade do finito".

Diante do tema da imortalidade dos indivíduos, confesso que não me vem à cabeça o instaurar-se do infinito. Como vimos – dentro das perspectivas do transumanismo –, afirmou-se que, pelo menos idealmente, qualquer pessoa deveria ter a oportunidade de se tornar um pós-humano. A ideia de estender o transumanismo a todos parece sinceramente irreal. Poderíamos talvez nos perguntar: como se viveria num mundo em que poucos privilegiados pudessem comprar a imortalidade?

9. Otimismo: história e destino

Falamos de otimismo. Schiavone traçou as grandes linhas de uma história pavorosamente longa (Buffon se referia a ela como um "abismo obscuro"), dispôs o que denominamos *história*, colocou a si mesmo e nós todos nela e tentou olhar o futuro. Não o futuro imediato, mas o futuro mais distante: o destino. Sobre esse ponto, ele não tem dúvidas. De fato, refere-se, nas últimas linhas de seu ensaio, à *"finalmente adquirida cognição da estrutura histórica do próprio destino"*. Acredita que estamos atravessando um momento mágico; pensa que o saber esteja se unindo "à possibilidade não vã, mas racional da esperança".[26]

Schiavone acredita conhecer não somente o destino, mas a estrutura histórica do mesmo. *Nisso baseia sua esperança.* É um conto de ficção, como muitos outros. Pergunto-me: podemos renunciar às grandes obras de ficção? Depois do derrocamento da "grande obra de ficção" de Marx, é necessário criar imediatamente uma outra, concebida mais uma vez num esquema teológico?

10. Super-ratos

Para concluir essa reflexão sobre os transumanos, é preciso esclarecer um ponto: os super-homens se encontram, pelo menos por enquanto, somente no mundo das ideias, entretanto os super-ratos já fazem parte do mundo real. Inserindo no

---

26 Schiavone, op. cit., p.94-9.

DNA um "potenciador" da atividade de um gene, criou-se um rato que sobrevive por mais tempo, é dez vezes mais ativo que um rato normal, pode correr seis horas à velocidade de vinte metros por minuto, tem uma vida sexual ativa até a velhice e se reproduz até uma idade que chega a ser o triplo da normal. Poucas semanas depois de sua criação, Richard Hanson (professor de bioquímica da Case Western Reserve University de Cleveland, Ohio) afirmou: "os ratos modificados saltam como pipocas entre os outros ratos normais". Hanson declarou que não aplicaria sua descoberta a um ser humano e que tal experiência não seria eticamente aceitável.[27]

---

27 http://www.news.com.au/story/0,23599,226953672,00. html; E. Franceschini, "Il supertopo che non si ferma mai", *La Repubblica,* 3 nov. 2007.

III.
Esperanças sensatas

Em que se retoma a ideia já expressa em 1620: podem-se encontrar algumas "razões que nos preservem do desespero"? Indicam-se algumas dessas razões. Esperanças sensatas podem satisfazer os seres humanos? Sobre esse tema: Pietro Pomponazzi, Sigmund Freud, Giacomo Leopardi.

1. Uma metáfora de Ludwik Fleck

Antes, durante e imediatamente depois da queda do muro de Berlim e, em seguida, do fim do Império, muitos pensaram que a época dos grandes contos elaborados pelos filósofos havia terminado. Mas o otimismo era, na verdade, totalmente injustificado porque (como se viu no primeiro capítulo) os grandes contos progressistas foram simplesmente substituídos pelos contos apocalípticos. Há muitos xamãs fantasiados de filósofos que todos os dias nos declaram saber qual é a característica fundamental da idade em que nos cabe viver, qual é o problema fundamental que, sem percebermos, temos diante de todos nós. Difundem medo e desespero, chegam a fascinar multidões de jovens e de idosos, discutem entre si, muitas vezes com notável hostilidade, para estabelecer se é verdade que "somente um Deus pode nos salvar" ou se na realidade ninguém irá nos redimir.

Se a história é considerada um processo que tem sentido, regido (como pensava não somente santo Agostinho, mas também Giambattista Vico) pela Divina Providência, as grandes mudanças correspondem a um plano ou a um projeto. E isso vale também para os pensadores "laicos", porque toda visão progressiva da história até hoje foi configurada como uma forma de secularização que inscreveu os fatos humanos dentro do grande esquema teológico da queda e da redenção. Para quem acredita (como, por exemplo, Auguste Comte em 1830) ter identificado "uma grande lei fundamental do processo histórico", a história é repleta de fatos esquecidos, erros, falsas crenças, ingênuas ilusões. Segundo Comte, o terceiro estágio da civilização (sociológico) seria "o regime definitivo da razão humana". Da heterogênea família dos que julgam ter encontrado o sentido ou a direção da história (ou seja, aqueles que comunicam aos seus iguais "de que história é composta a história") fazem parte personagens muito diferentes entre si, como Hegel e Comte, Marx e Spengler.

Aos "grandes contos" dos filósofos, às invencíveis tendências proféticas e manias futurológicas, há uma só tese a contrapor: a de uma variedade irredu-

Esperanças

tível à unidade, da total falta de sentido da redução de tudo o que ocorre em unidade. Da inutilidade da célebre noite em que todas as vacas são pardas. É necessário em primeiro lugar reafirmar que não é verdade de jeito algum (e muito menos óbvio) que cada idade é caracterizada por um paradigma dominante, que não é verdade que, assim como cada homem possui um só rosto, então cada idade teve e deve ter seu próprio e inconfundível aspecto, sua específica *episteme*. O diálogo entre as teorias, tradições, metafísicas, ideologias, imagens do saber, métodos de pesquisa sempre foi e ainda hoje é – ao contrário – contínuo, insistente, real. Ludwik Fleck era um médico e filósofo polonês que publicou, em 1935, um livro do qual foram vendidas pouco mais de duzentas cópias. O livro *Genesi e sviluppo di un fatto scientifico* [Gênese e desenvolvimento de um fato científico] é uma das mais belas obras de filosofia publicadas no século passado. Fleck comparava a tarefa do histórico com a tentativa de divulgar uma animada discussão na qual várias pessoas falam contemporaneamente, mudando sempre de interlocutor. Pode-se alargar essa iluminante metáfora, acrescentando que, muitas vezes, as línguas são diferentes e existem complexos problemas de tradução; que o grupo é composto também pelos intérpretes mais ou menos legitimados; que alguns discutem sobre o conteúdo enquanto outros (os chamados epistemólogos), quase sempre em total desacordo entre si, enunciam pretensas regras de conversação que, se respeitadas, garantiriam que o grupo vivesse harmonioso e feliz para sempre.

Não é essa variedade, essa conversação acirrada, essa quantidade de opiniões diferentes que (na experiência de cada um de nós) caracteriza o que ocorreu nos anos passados, está acontecendo *agora* ao nosso redor e provavelmente sucederá nas próximas décadas? Não é verdade que essa discussão animada causa de vez em quando lutas, que às vezes se passa das palavras aos fatos, a discussão degenera em brigas, e gritos selvagens substituem as palavras, e aparecem facas, e se derrama sangue, e se ouvem gritos de terror, e assistimos ao transformar-se de nossa sala imaginária num matadouro?

A metáfora de Fleck ensina algo fundamental: a civilização à qual pertencemos não é nem uma unidade indiferenciada nem uma totalidade homogênea. Nela se desenvolveram e se desenvolvem alienações e lutas pela liberdade, quedas morais e lutas pela verdade, conformismos e rebeliões, gestos inconsultos e pacatas discussões, mistificações e análises lúcidas. Entre elas se colocaram seja o colonialismo, seja o relativismo cultural, seja o racismo, o pogrom e a Shoah, seja a afirmação da equivalência das culturas e do relativismo cultural. Nas sociedades que se formaram no Ocidente, nasceram os ideais de tolerância e da limitação da violência, mas surgiu também – talvez pela primeira vez na história do mundo – a ideia de que seria necessário abandonar a opinião de que aqui os diferentes de nós eram simplesmente bárbaros, que até seria possível (como fez Montesquieu em 1721) tentarmos *olhar a nós mesmos a partir do ponto de vista dos outros*, fazermos de conta que somos persas em visita a Paris, pensarmos até mesmo (como muitos fizeram em relação aos indígenas americanos ou aos chineses) que *os outros* pudessem ser melhores que nós.

Esperanças

2. Uma nuvem: no futuro não há nada de usual

No romance *O homem sem qualidades* de Robert Musil (publicado em 1930), encontramos:

> O caminho da história não é o de uma bola de bilhar, que segue uma inflexível lei causal; assemelha-se mais ao de uma nuvem, ao de quem vai perambulando pelas ruas e se distrai ora com uma sombra, mais adiante com um grupo de pessoas ou com o espetáculo de uma praça barroca, e por fim chega a um lugar que não conhecia e aonde não queria ir.[1]

Trinta anos depois, Eugenio Montale compõe os versos de *La storia*:

> *La storia non si snoda*
> *come una catena*
> *di anelli ininterrota.*
> *In ogni caso*
> *molti anelli non tengono.*
> *La storia non contiene*
> *il prima e il dopo,*
> *nulla che in lei borbotti*
> *a lento fuoco [...] La storia*
> *non si fa strada, si ostina,*
> *detesta il poco a poco, non procede*
> *né recede, si sposta di binario*
> *e la sua direzione*
> *non è nell'orario.*

---

1 Musil, *L'uomo senza qualità*, p.349.

[A história não se desenrola
como uma corrente
de anéis ininterrupta.
De todo jeito,
muitos anéis não resistem.
A história não contém
antes e depois,
nada nela ferve
em fogo baixo [...] A história
não abre caminhos, obstina-se,
detesta o pouco a pouco, não procede
nem retrocede, muda de trilho
e sua direção
não é temporal.][2]

Depois das orgias dos séculos XIX e XX relativas à futurologia, das indigestões de profetismo e milenarismo, a metáfora de Musil e os versos de Montale devem ser considerados de maneira muito séria. Quando, no início do século XVII, Francis Bacon pensou no que *realmente* separava seu tempo das grandes tradições que nele existiam, não fez nenhuma referência às filosofias. Disse que as invenções como a bússola, a pólvora, a imprensa tinham provocado na história humana mudanças maiores que as criadas por qualquer império, por qualquer escola filosófica, por qualquer estrela. Ninguém tinha previsto aquelas mudanças. Ninguém compreendeu ao que levavam. O mesmo ocorreu, como justamente ressaltou Nassim Nicholas Taleb em 2007, em relação às três tecnologias que tiveram um

---

2 Tradução livre dos versos. (N. T.)

extraordinário, impressionante e absolutamente não previsível impacto no mundo contemporâneo: o computador, a internet e o laser. Quando pensamos no futuro, repete incansavelmente, "tendemos a considerá-lo a rotina de sempre, mas no futuro não há nada de usual". Escreveu também uma frase que parece ser exatamente um resumo dos últimos cinco versos de Montale que citei acima e que muito provavelmente Taleb nunca tenha lido: "A raça humana sofre de uma doença crônica que consiste em subestimar a possibilidade de que o futuro se afaste do percurso inicialmente previsto".[3] Auguste Comte pensava, de modo aparentemente sensato, que o gênero humano nunca chegaria a conhecer a composição química das estrelas fixas (as mais próximas estão a 4,39 anos-luz de distância da Terra). Antes que secasse a tinta com que essa frase foi escrita, Charles Sanders Peirce afirmou que tal exemplo de inacessibilidade já não era mais adequado, pois o espectroscópio tinha acabado de ser descoberto.

Mesmo dentro de uma nuvem é possível que existam esperanças sensatas e que se façam previsões (em curto prazo). A teoria das decisões em condições de incerteza, que ocupava um lugar central na reflexão do Nobel de economia Herbert Simon, decerto não as excluía. Tendia a demonstrar que a razão humana não é um instrumento "para elaborar e prever o equilíbrio geral de todo o sistema mundo ou para criar um possante modelo geral

---

3 Bacon, *Scritti filosofici*, p.635-6; Taleb, *Il cigno nero: come l'improbabile governa la nostra vita*, p.151, 156.

que considere todas as variáveis", mas sim um recurso para explorar fragmentos do mundo ou cada um dos problemas nele existentes.[4]

Simon sabia muito bem que a antiga tese segundo a qual podemos sempre refletir "espontaneamente" de modo correto tinha entrado numa crise irreversível. Hoje existe uma extensa (e proliferante) literatura na qual se ressaltam dois dados: que muito frequentemente não somos capazes de constatar a situação real e tomamos decisões contrárias aos nossos interesses; e que essa nossa incapacidade é "estrutural", pois nossa habilidade em chegar a inferências indutivas e, principalmente, probabilísticas é realmente muito limitada.

Pode ser necessário muito tempo para que se constate que a razão foi concebida para explorar apenas fragmentos limitados de mundo e que não existem telescópios para observar o futuro. Quem confiou neles e quem se referia à história do Todo prefere contar longas histórias ou escrever biografias detalhadas autojustificativas que admiti-lo. Por esse motivo, só pode suscitar admiração a lúcida coragem (lucidez e coragem geralmente não se encontram lado a lado) para escrever, no final de uma vida composta por grandes batalhas:

> Compreendi muito tarde que nossas lentes eram fracas e nossos instrumentos antiquados, e que observar um grande cenário não significa conhecê-lo e muito menos influenciá-lo. [...] E somente depois de ainda mais tempo me dei conta de que o cenário

---

4 Simon, *La ragione nelle vicende umane*, p.149.

ao meu redor tinha mudado, juntamente com minha idade, de modo absolutamente imprevisto.[5]

3. As esperanças de Cristóvão Colombo

Chegar a lugares indesejados e antes desconhecidos, mover-se num futuro muitas vezes "insólito": se essa é uma experiência comum e universal, se a construção de uma filosofia da história ou de uma ciência da história parecem pretensões excessivas e ilusórias, se constatamos que a história oferece somente a possibilidade de previsões incertas e a curto prazo, então talvez seja oportuno adotar um ponto de vista parecido ou análogo ao de Musil, reconhecer que é realmente verdade (segundo uma célebre metáfora de Sir Karl Popper) que as pouco previsíveis nuvens se contrapõem aos previsíveis relógios e que é portanto conveniente, qualquer que seja o tema, refrear as ilusões fáceis e as esperanças excessivas.

Francis Bacon de Verulâmio – geralmente apresentado nos manuais, mesmo recentes (também em publicações muito importantes), como entusiasta e um pouco ingênuo apóstolo do progresso tecnológico e da civilização industrial – pensava que nos 2.500 anos de história houvesse ao todo cinco séculos frutuosos para as ciências e que o restante da história do mundo fosse somente repleto de guerras e, no que se refere ao saber, fosse exatamente igual a um deserto. Acreditava também que

---

5 Pintor, *Sevabo: memoria di fine secolo*, p.67.

as obras do saber estão sempre confinadas em períodos especiais e breves:

> Ocorre de fato que, a um momentâneo florescimento dos reinos e dos Estados, se sigam perturbações, sedições e guerras; durante as quais em primeiro lugar emudecem as leis e os homens retornam às depravações inatas e se vê a desolação nos campos e nas cidades. Não muito tempo depois, se tais furores forem contínuos, mesmo as letras e a filosofia são certamente devastadas: assim, seus fragmentos se encontram em poucos lugares, como as vigas de madeira de um naufrágio, e chega o tempo da barbárie.

Trata-se de verificar se, no presente, há razões de esperança. Não se trata de se abandonar aos "leves ventos da esperança", mas de examinar a situação na qual estamos vivendo. Para analisar o problema de modo não ingênuo, é oportuno "usar aquela sabedoria política que desconfia por princípio e prevê sempre o pior nas coisas humanas". Mas isso não significa se entregar ao desespero. Bacon pensava que, em seu tempo, houvesse 21 razões que consentiam nutrir "sensatas esperanças" num futuro incerto e difícil. As esperanças não são algo assegurado já de início. Não são suportadas por uma Grande Esperança que as torna sensatas. Somente algumas *conjecturas* as tornam sensatas. E as conjecturas são suposições: não são garantidas por nenhuma fé no Caminho da História. Assemelham-se às razões abrigadas no ânimo de Cristóvão Colombo quando estava para iniciar uma viagem aventurosa em frágeis caravelas.

Bacon definiu-as como razões "que devem nos preservar do desespero".[6]

4. Esperanças sensatas: três exemplos

Creio que, a essa altura, seja necessário falar de esperanças sensatas. Elas são, como sabemos, bastante modestas, não entusiasmantes, mas são sensatas (nesse caso específico, sinônimo de não garantidas). Pode-se tentar responder à pergunta: temos diante de nós razões de esperança? Há razões que podem nos poupar o desespero? Que fazem com que continuemos no caminho? Meu filósofo indica 21 razões. Para mim, duas delas são suficientes. Inclusive em relação aos problemas resolvidos só parcialmente, que continuam a nos parecer urgentes e seguem sendo, para todos os que se interessam pelo que acontece no mundo, causa de preocupação e de angústia. Um ponto é, de todo modo, importante: não se deve subestimar ou considerar pouco significativo que se tenha feito um progresso, mesmo se não abrange (por enquanto) todo o gênero humano.

1. No aspecto material da vida camponesa italiana houve mais mudanças nos últimos cinquenta anos que nos últimos mil anos. Todos os que se lembram dos anos anteriores à guerra e dos anos da guerra viveram num mundo que os jovens de hoje desconhecem completamente. Para falar daquele mundo, não é necessário citar as zonas mais pobres da Itália. Quando entrei na universidade, a

---

6 Bacon, op. cit., p.392-3, 470, 606, 620.

grande maioria dos rendeiros da Itália Central não tinha banheiro em casa, pegava água (para a família e para os animais) num poço a cem metros de distância, comia carne somente nos dias de festa. As crianças, que moravam em casas aquecidas apenas por uma pequena estufa, não iam para a escola com perua escolar, mas a pé e, em muitas zonas de colina (até na Itália Central), descalças (com tamancos no inverno). O mundo dos camponeses se limitava a poucos quilômetros ao redor da casa. A grande maioria nunca tinha viajado ou visto o mar. Algumas crianças mais afortunadas iam para as colônias marítimas ou de montanha, as mulheres ficavam em casa, não se sentavam à mesa com os homens e não se misturavam com eles nem mesmo na igreja. Para os adultos, só era possível viajar para emigrar para a França, servir o exército, ir para a guerra, ir para a prisão. Muitos dos que foram para a guerra ficaram três, quatro, cinco anos longe de casa. Vários nunca mais voltaram daquelas viagens. Na época, como se faz hoje, era comum perguntar a uma mulher se ela tinha filhos e, se a resposta fosse positiva, compunha-se de duas palavras: um numeral e, em seguida, o adjetivo *vivos*. Talvez fosse uma maneira de não esquecer as muitas crianças que morriam então.

No início do século XX, na Itália, morriam no primeiro ano de vida 168 dentre 1.000 bebês. Na metade da década de 1930 morriam 100. Em 1975, o número cai espetacularmente para 20,5. Em 2000, passa a 4,3 entre 1.000. A Itália é um país com fortes diferenças. Mas as diferenças no mundo permanecem enormes. Em Serra Leoa, uma criança entre quatro não chega aos 5 anos. Entre 1.000 nascidos, morrem 284 bebês antes do fim do primeiro ano de vida. Como muitas vezes repete meu amigo Giorgio Bartolozzi, que dedicou sua vida às crianças doentes e à formação de pediatras, o índice de mortalidade infantil coincide com o índice de civilização de um país.

Não se trata somente da saúde ou da esperança de vida das crianças. Trata-se também do comportamento em relação a elas. A classe da escola primária Faiani de Ancona, onde frequentei o primeiro e o segundo ano, era dedicada a Cesare Battisti. As fotos de seu martírio estavam penduradas na parede e, embora eu me lembre de um ótimo professor e da criação de bichos-de-seda na classe, nunca esqueci as fotos de Battisti que se encaminha ao patíbulo escoltado por três soldados austro-húngaros malvestidos, principalmente aquela em que um gorducho com chapéu preto está esganando, ou melhor, pondo o garrote em Cesare Battisti. Talvez por essa razão nunca acreditei que as crianças não vejam a diferença entre a violência fingida dos espetáculos e a verdadeira violência. Nenhuma mãe na Europa leva uma criança (como ainda se fazia no século XIX) para assistir a um enforcamento. Em nenhuma classe das escolas primárias de hoje é possível pendurar a foto de um enforcamento. Bater nas crianças era – não mais de meio século atrás – considerado lícito. Os funerais até 1940 iniciavam com o desfile de crianças (retiradas dos orfanatos para a ocasião).

É verdade e todos sabemos disto: ao bem-estar das crianças do Norte do mundo corresponde a miséria e a exploração das crianças do Sul do mundo. Mas a razão de esperança é que também para nós (que fazemos parte do mundo onde há bem-estar) isso se tornou um problema e que não há mais na opinião pública (como ocorria na década de 1930) uma absoluta, total e quase gélida indiferença.

Às vezes grandes mudanças sociais se tornam evidentes através de episódios da vida cotidiana. No meio da década de 1960, eu estava almoçando em Badia Petroia, Città di Castello, num sítio com outras cinquenta pessoas. Quando entrou um proprietário de terras, um velho camponês o cumprimentou (como no passado) usando a palavra *patrão* antes do nome. Um jovem, sem levantar o rosto do prato, disse em voz alta: "Olhe, somente os cachorros têm patrão!". Não houve entre os presentes a menor reação. Todos, inclusive o ex-*patrão*, concordavam com o jovem. Tinha acabado para sempre, depois de alguns milênios, uma cultura na qual era considerado totalmente óbvio e normal que existissem homens que chamavam um semelhante de *patrão*.

2. Guerras e pazes. Para Immanuel Kant era bem claro: a condição de paz não é absolutamente uma condição natural. É algo que deve ser instituído ou construído. O Estado é uma alteração do estado natural, é uma criação artificial, é a consequência de um pacto ou contrato social. Esse pacto ou contrato salvou muitos seres humanos da situação natural geradora de guerra na qual, como dizia Hobbes, todo homem se comporta em relação a seu semelhante como se fosse um lobo. Contudo, nas relações entre os Estados se reproduz a mesma situação que ocorre entre os indivíduos no estado natural: não estabelecem regras a si mesmos. Kant não acredita na originária bondade da natureza humana. Pensa que a guerra faz emergir uma maldade natural que

existe no fundo, mas de fato é encoberta pelas leis e pelos governos. Em relação a esse ponto, o ensaio sobre a paz é bem claro: "A malvadez da natureza humana se mostra abertamente nas relações livres entre os povos, enquanto no estado civil e jurídico é muito velada pela constrição do governo".[7] A questão que Kant se colocava, a questão que ele ainda nos coloca pode ser formulada do seguinte modo: é possível estender às relações entre os Estados o modelo de relação entre indivíduos dentro de um mesmo Estado? É possível conceber um "contrato social" entre Estados? É plausível pensar em superar a situação de anarquia que caracteriza a vida dos Estados? Buscar formas de federações entre Estados? Instaurar formas de ordem legal entre alguns Estados, entre grupos de Estados e, no melhor dos casos, entre todos os Estados? A meta ideal e final, a ideia reguladora de todo o percurso é a obtenção de uma paz perpétua e universal.

Deseja-se que a paz não represente mais um intervalo entre guerras; não deve parecer uma trégua momentânea. O *foedus pacificum* ou federação de paz se diferencia do tratado de paz (*pactum pacis*) porque esse último põe fim a uma guerra, enquanto o primeiro, a todas as guerras. A paz, na visão de Kant, pressupõe a superação da soberania (ou de parte da soberania) dos Estados e a atribuição da soberania (ou de parte da soberania) a organismos políticos que estão acima dos Estados. A paz kantiana tem a ver com o federalismo.

Jürgen Habermas e Otfried Höffe, assim como muitos outros autores, acreditam que somente a

---

7 Kant, *Per la pace perpetua*, p.39.

criação de novas formas de Estado pode combater o domínio total do mercado. A globalização determina (como explicou Susan Strange) um "retrocesso do Estado". Como já foi verificado, os Estados tendem a se reduzir a subsistemas da sociedade global que é constituída por atores não estaduais: as multinacionais, os *mass media*, as organizações criminais e terroristas. Como explicou lucidamente Lucio Levi num ensaio dedicado ao significado do texto de Kant sobre a paz para o homem contemporâneo,[8] o processo de integração europeia enfraqueceu os governos nacionais, obrigou-os a cooperar e criou instituições frente às quais as instituições nacionais perderam seu significado. A Constituição Europeia se encontra no centro do debate político e "lentamente e de maneira imperfeita algo parecido com uma federação europeia está tomando forma".[9] O que tem de mudar – ressaltou novamente Habermas em ocasião do cinquentenário do Tratado – é a imagem que os Estados-nações têm de si mesmos. "Os Estados", escreveu em 25 de março de 2007 no jornal *Corriere della Sera*, "devem aprender a se considerar não tanto atores independentes quanto membros de uma comunidade mais ampla que, como tais, se sentem obrigados a se adequar a regras comuns". Nas mesmas páginas Beppe Severgnini listou, de maneira irônica, mas muito eficaz, os cinquenta motivos que temos para amar a senhora de cinquenta anos que é a Europa: lembro-me somente de alguns deles que são sempre pouco con-

---

8 http://italy.peacelink.org/europace/articles/art_6650.html.

9 Cf. Habermas, *La costellazione postnazionale*; Höffe, *Globalizzazione e diritto penale*; Strange, *Denaro impazzito*.

Esperanças

siderados por uma multidão de pensadores severos que escrevem num estilo totalmente inaceitável para os reles mortais: desde sempre, esse é o mais longo período de paz na Europa; 500 milhões de pessoas em 27 países vivem em regimes democráticos; em países que eram pobres, como Portugal, Grécia e Irlanda, hoje se vive melhor, e em países ainda muito pobres, como a Bulgária ou a Romênia, irá se viver melhor em breve; há alguns anos, a Europa cresce mais depressa e cria mais ocupação que os Estados Unidos; ao contrário do que se diz, a burocracia europeia emprega 24 mil funcionários, pouco mais que o dobro dos funcionários da RAI, a rede de televisão do Estado italiano; Erasmus, o programa europeu de intercâmbio para jovens universitários há mais de vinte anos, funciona bem e engloba 1,5 milhão de estudantes de 2.220 universidades; a incompatibilidade da pena de morte para os países que fazem parte da União Europeia elimina qualquer possibilidade de propor a reintrodução da mesma; em abril de 2007, o Parlamento Europeu votou quase unanimemente a resolução a ser apresentada à ONU para pedir uma moratória universal da pena capital. Lamentamo-nos muito, mas 81% dos europeus se declara "muito" ou "bastante satisfeito" com a própria vida.[10]

Talvez, entre as "esperanças sensatas", deva-se ressaltar sobretudo a expansão da democracia no mundo contemporâneo. Trata-se de um tema considerado pouco relevante pelos intelectuais da esquerda quase exclusivamente interessados na an-

---

10 Sobre o tema Europa ver Pietro Rossi, *L'identità europea*, Bolonha, Il Mulino, 2007.

títese amigo-inimigo e na saída do Ocidente. Como explicou Anthony Giddens, entre a metade da década de 1970 e 2005, o número de Estados democráticos no mundo triplicou. Depois de 1974, Portugal e, logo em seguida, a Espanha e a Grécia se tornaram países democráticos. Entre os 125 Estados que viveram uma experiência democrática nos últimos trinta anos, em catorze se manifestou uma inversão de tendência, mas nove deles voltaram à democracia. Somente 5 dos 125 países (e entre eles a Rússia) não voltaram a um regime democrático. Entre 1979 e 1985, oito ou nove países da América Latina passaram de governos militares a governos eleitos, compostos por civis. No Chile, a democracia se afirmou em 1989. Na Ásia, em 1986, acabou a ditadura de Marcos nas Filipinas e no ano sucessivo o poder dos militares na Coreia. Em 1991, instauram--se governos democráticos em Bangladesh, Nepal e Paquistão. Em Taiwan foi possível eleger um presidente em 1996. Na África do Sul Nelson Mandela foi solto em 1990, quando se inicia um processo de normalização que dá origem, em 1994, a um regime democrático. Depois de 1997, muitos Estados africanos legalizam os partidos de oposição e realizam eleições a que tomam parte diferentes partidos. Como resume Larry Diamond: "Em 1974, havia 41 democracias entre os 150 Estados existentes. Nos restantes 109 Estados, 56 (ou seja, mais da metade) iniciaram um processo de transição à democracia e, entre esses 56 Estados, somente o Paquistão, o Sudão e a Rússia não são hoje países democráticos".

Mesmo a ideia de uma relação necessária entre desenvolvimento econômico e democracia parece ser colocada em discussão. A República do Mali é

Esperanças

um Estado africano pobre. No ano 2000, no Mali morriam ao nascer 121,7 a cada 1.000 recém-nascidos. A esperança de vida é de 46 anos entre os homens e 47 entre as mulheres. Depois da proclamação da independência (1960), dos anos de regime "socialista" (1960-1968) e de ditadura militar derrubada em 1991 por violentas manifestações, foi aprovada (1992) uma Constituição baseada na Declaração universal de direitos de 1948 e na Carta africana dos direitos do homem e dos povos de 1981. Desde então há eleições regulares e nenhuma condenação à morte foi efetuada. No Mali, 92% das mulheres e das meninas sofrem mutilações genitais, 60% delas antes de completar 5 anos. Mas ali vive uma mulher chamada Bakari Darra, que andou pelas ruas de seu vilarejo de mãos dadas com as duas filhas, usando uma camisa em que se lia a frase "Minha filha não será mutilada". Não foi a única e em Bamako, a capital, realizou-se em 2005 a Conference on Female Genital Mutilation (da qual participou Emma Bonino),[11] que se concluiu com a adoção da "Bamako declaration for the abandonment of FGM". Desde 2007, na Eritreia, um país em que a mutilação genital atingia 90% das mulheres, tal prática passou a ser considerada um crime. Fatos desse tipo, mesmo quando divulgados pela imprensa, suscitam pouco interesse. Deveria ser marcante que 20% dos países mais pobres do mundo sejam governados democraticamente e entre os Estados muçulmanos não árabes as democracias cheguem a 25%. Para os que não se angustiam pelo

---

11 Emma Bonino, representante histórica do Partido Radical italiano. (N. T.)

catastrofismo crônico pode até ser digno de menção que 45 países renunciaram a praticar a pena de morte entre 1993 e 2007.

Com exceção do Oriente Médio, há governos democráticos em um terço dos Estados de todas as regiões do mundo. Após fornecer esses dados, Anthony Giddens escreveu: "Se me perguntassem qual é o motivo dessa expansão da democracia em nível mundial, eu responderia desenhando simplesmente um símbolo: o de uma antena parabólica de TV". O desejo de informação parece configurar-se como sendo uma força irresistível, que poderá ter efeitos explosivos.[12]

5. Uma paz

Uma maioria protestante fiel a Londres e à Monarquia, uma minoria católica republicana e favorável a uma secessão, uma guerra civil que durou trinta anos e provocou 3.500 mortos, um ódio e um rancor antigos, que pareciam invencíveis, que separavam (e, em parte, ainda separam) os protestantes unionistas e os católicos republicanos. Depois do fim da década de 1960, uma impressionante quantidade de episódios sanguinários acompanhou a vida dos irlandeses e encheu as páginas dos jornais do mundo todo. As prisões nas quais estavam os

---

12 Cf. Giddens, "Democrazia universale, una nuova era", *La Repubblica*, 25 mar. 2005; *The New Egalitarianism*, Cambridge, Polity Press, 2005; Diamone, *Developing Democracy: Toward Consolidation*, Baltimore, The Johns Hopkins Universtiy Press, 1999.

Esperanças

militantes do IRA (Irish Republican Army) eram lugares de opressão e maus-tratos. Um juiz inglês chamado Harry Benne documentou esses maus-tratos num relatório de 16 de março de 1979. Somente naquele ano, o IRA assassinou oito policiais carcereiros e um diretor de presídio. Os prisioneiros republicanos declararam, em fevereiro de 1981, que iniciariam uma campanha de greve de fome se não fossem reintegrados como presos políticos como lhes tinha sido reconhecido em 1972, ato que fora revogado depois de 1976. Em 1º de março de 1981, Bobby Sands, com 27 anos, iniciou a greve de fome. Morreu depois de 66 dias. Entre março e o início de outubro se deixaram morrer de fome outros nove presos. A duração do jejum foi de no máximo 73 dias e no mínimo 59. O mais velho tinha 30 anos, o mais jovem 23. Muitos pensam que essa extrema forma de protesto foi crucial. De partido ilegal, o Sinn Féin se tornou o primeiro partido das seis regiões da Irlanda do Norte. Gerry Adams, em agosto de 2006, diante de 100 mil pessoas, disse que o sofrimento daquelas pessoas era realmente um *turning point*: não somente para os republicanos católicos, mas para todos os irlandeses, inclusive os unionistas.

Agora, olhando para trás, se reconstroem as premissas e as condições favoráveis, mas o verbo *deflagrar* pode ser aplicado não somente para a guerra, mas também para a paz. Esta parece o fim de um pesadelo, como um presente inesperado ou uma graça. Como escreveu David McKittrick, do jornal *Independent*: "Antes, na Falls Road, passavam somente os jipes do exército britânico com os fuzis apontados para os telhados contra os atiradores do

IRA. Agora se veem os veículos 4x4 das mães que levam as crianças à escola". Em maio de 2007, em Belfast, na Irlanda do Norte, depois de dez anos de tratativas, formou-se um governo. O líder da maioria protestante, que quer continuar a fazer parte da Grã-Bretanha, e o expoente da minoria católica, que quer a reunificação com a Irlanda, fizeram um governo conjunto. Muitas pessoas pensaram que fosse um milagre, pois esses dois personagens, que tinham passado a vida inteira combatendo de maneira feroz um contra o outro, agora se sentavam lado a lado, sorrindo e falando cordialmente.[13]

6. Paz aqui e acolá

A criação de uma força de polícia internacional cujo objetivo seja a manutenção da paz é uma tarefa difícil e complexa. O novo emerge com grande lentidão, é acompanhado por muitas incertezas, chegando a dar muitas vezes a impressão de um retorno a situações que podiam parecer superadas. A segunda intervenção militar no Iraque não foi feita sob a égide da ONU e uma parte relevante da opinião pública mundial julgou, e não sem motivo, que fosse algo mais semelhante a uma guerra preventi-

---

13 Santavecchi, "In Ulster è pace fra protestanti e cattolici"; Franceschini, "Si sblocca il processo di pace in Irlanda del Nord", *Corriere della Sera*, 9 maio 2007; *Tony Blair War and Pace*, RIA Novosti, 2007; Pregoni, *Il risveglio dell'allodola*, in: Voce all'Ulster/Irlandaonline.com; Kofi Annan, *Learning the Lessons of Peace-building in War-torn Societies, Lecture at University of Ulster, 18.10.04* (www.un.org/News/Press/docs/2004/sgsm9549.doc.htm).

va do que a uma operação de polícia internacional. Mas a todos os céticos é preciso retrucar que não existem caminhos lineares e garantidos, que as escolhas políticas são passíveis de modificações, que a opinião pública teve um peso relevante, que a política de Bush se tornou impopular e, ao final, que mesmo o equilíbrio do terror – no qual se vivia até não muitos anos atrás – era extremamente complicado, difícil e perigoso.

A meta mais elevada que a espécie humana pode atingir parece ser uma situação que não pressuponha uma improvável, rápida e radical modificação da natureza dos seres humanos, mas uma situação na qual haja entre os grupos de Estados o mesmo tipo de relação existente entre os indivíduos, num Estado: pertinência a uma entidade jurídica comum, aceitação de regras comuns, delegação da violência às forças de segurança. A Constituição Europeia ainda hoje é um sonho. De vez em quando, como em junho de 2008, em função do voto de 860 mil irlandeses (o voto de cada um deles, quando se exprime sobre a Europa, conta vinte vezes mais que um voto alemão e quinze vezes mais que um voto italiano),[14] parece se configurar como um sonho despedaçado. Mas, como no início da solitária batalha de Altiero Spinelli, certamente não é mais nem um sonho de poucas pessoas nem um sonho impossível. Alguns chefes de Estado das nações que antes eram denominadas grandes potências retomaram vigorosamente o projeto de uma

---

14 Angeloni, "Gli Europei votino: tutti assieme", *Corriere della Sera*, 29 jun. 2008.

Constituição Europeia e de uma única política exterior europeia.

A manutenção de uma conjuntura pacífica requer três condições: em primeiro lugar, a existência de uma grande disponibilidade em relação aos compromissos em que cada um renuncia a algo e, portanto, abre mão antecipadamente da intransigência absoluta; em segundo lugar, a existência de disponibilidade para que haja repressão da violência onde uma ou ambas as partes em conflito a ela apelarem; em terceiro lugar, a existência de uma força de segurança. É sensato esperar não tanto a paz universal, mas somente uma, duas, cem, mil pazes. Também nesse caso, sem ilusões e esperanças excessivas.

A renúncia às ilusões é um ponto decisivo. Umberto Eco escreveu algo importante sobre isso. Ao se dar conta de que a paz é uma difícil e árdua conquista e não alguma coisa que pode ser obtida cultivando bons sentimentos, há somente uma possibilidade: "trabalhar pela paz aqui e acolá, criando-se sempre que possível situações pacíficas na imensa periferia das 'paleoguerras' que ainda se seguirão uma após a outra".[15]

Para aceitar a ideia de uma necessária conjunção de paz, autoridade e força, é preciso deixar de esperar que milagrosamente cessem os efeitos do que o cristianismo denominou pecado original; Kant, "o pedaço de pau torto da humanidade"; Freud, pulsões agressivas e destrutivas; Edward O. Wilson; agressividade animal. Deve-se aprender a desconfiar da benevolência e do perdão aparentes,

---

15 Eco, *A passo di gambero. Guerre calde e populismo mediatico*, p.30.

a se distanciar das formas de primitivismo difusas, aceitar que o homem – como Albert Einstein e Sigmund Freud afirmaram nas recíprocas cartas sobre a guerra – "tem dentro de si o prazer de odiar e de destruir".[16]

7. A Grande Esperança e o entusiasmo

No decorrer dos séculos e dos milênios, sempre tem fascinado grandes mentes e inúmeros seres humanos o sonho de um grande, unívoco e sensato mito que descreva a verdade das origens e que seja, ao mesmo tempo, profético. Um sonho que diga coisas verdadeiras sobre o passado, o presente e o futuro. Que permita nos situar em nosso lugar, no transcorrer dos dias, dos anos, dos séculos, dos milênios. Não há somente um mito. Há muitos deles. Nas diferentes civilizações e numa mesma civilização. Mas todos têm um elemento comum que se encontra na base da força extraordinária dos mesmos. Esse elemento reside no que antes se denominava *entusiasmo*, ou seja, a certeza de compartilhar a verdade, de se ter a missão de enunciar uma história verdadeira e de demonstrar aos outros a verdade, para que ela possa ser vista por todos os que são dignos. Aquela que no ano 1656 foi definida como "a plena mas falsa persuasão, num homem, de ser inspirado, ou seja, de ser movido de modo extraordinário pelo Espírito de Deus a agir, falar ou pensar o que é santo, justo e verdadeiro" é até agora

---

16 Freud, *Il disagio della civiltà e altri saggi*, p.285, 293.

amplamente difundida. Como já sabia John Locke (e como foi repetido por Leibniz):

> A razão, com eles, é desperdiçada; eles são superiores a ela. Veem a luz infusa no próprio intelecto, e não podem estar errados: ela está lá, clara e visível, e não há necessidade de qualquer prova além da própria evidência [...]. Não seria ridículo quem exigisse uma prova que lhe demonstre que a luz brilha e que ele a vê? [...] Aquela luz é forte, clara e pura; traz consigo a própria demonstração; se quiséssemos examinar aquele raio celeste com nossa frágil vela, que é a razão, seria como caçar um vaga-lume para que nos ajude a descobrir o sol.[17]

Na idade moderna aquela persuasão (antes denominada *entusiasmo*) se difundiu amplamente e se instaurou de maneira profunda também na mente de pessoas que se declaravam agnósticas ou indiferentes, ou até mesmo professavam explicitamente o laicismo e o ateísmo, e eram polêmicas em relação à barbárie da Inquisição e acreditavam que de tal barbárie a humanidade tivesse se liberado de uma vez por todas. Formas de barbárie inquisitórias, muito mais eficientes do que aquelas que processaram Bruno e Galilei, estavam ainda ao lado delas e, na grande maioria dos casos, não só não as condenaram, mas nem menos as viram.

Sabemos que é totalmente verdadeiro o que afirmava um dos pais fundadores da modernidade: acreditar que a força de nossa persuasão seja a única luz que deve nos guiar significa "abandonarmo-nos

---

17 Locke, *Saggio sull'intelletto umano*, p.248.

Esperanças

às trevas, ou ao poder do Príncipe das Trevas, e, por nosso próprio consenso, jogarmo-nos nos braços de uma ilusão a fim de crermos numa mentira".[18]

Ao lado do Príncipe das Trevas, Primo Levi transcorreu um período de sua vida. Tal período inspirou seu livro *I sommersi e i salvati* [Os submersos e os salvos], que poucos conseguem ler com os olhos enxutos. Quando escreveu o apêndice do livro *É isto um homem?*, conseguiu dizer novamente, com extraordinária clareza e com palavras simples, a seguinte verdade:

> Porque é difícil distinguir os profetas verdadeiros dos falsos, é bom suspeitar de todos os profetas; é melhor abrir mão das verdades reveladas, mesmo se nos exaltarem pela própria simplicidade e pelo próprio esplendor, mesmo se nos parecerem cômodas, pois se adquirem grátis. É melhor se contentar com outras verdades mais modestas e menos entusiasmantes, aquelas que se conquistam com suor, aos poucos e sem atalhos, com o estudo, a discussão, o raciocínio, e que podem ser verificadas e demonstradas.

8. O futuro de uma ilusão

Creio (e não é de hoje) que seja difícil encontrar, no pensamento do século XX, uma "defesa" da razão e da ciência que tenha a amarga e a sincera lucidez das páginas escritas por Freud em 1927, mesmo ano em que foi publicado *Ser e tempo* de Martin

---

18 Ibid., p.253 e cf. p.245-8.

Heidegger. Essas páginas são úteis e iluminantes para respondermos a uma pergunta. É verdade que sem a Grande Esperança não bastam as esperanças que, dia após dia, nos mantêm em marcha? Podemos nutrir esperanças sensatas sem colocá-las num horizonte dominado pela Grande Esperança?

Nosso deus, que é o *logos* e a razão – escreveu Freud nas páginas do livro *O futuro de uma ilusão* –, talvez não seja muito poderoso e possa realizar somente uma pequena parte do que seus predecessores prometeram. Estamos dispostos a reconhecer e aceitar isso com resignação, mas não será suficiente para extinguir nosso interesse pelo mundo e pela vida. Aos olhos de Freud: 1) a ciência não nos dá e não pode nos dar tudo o que queremos e que sempre quisemos de um Deus: verdades absolutas e certezas indiscutíveis; 2) devemos nos contentar com um deus menor (chamado *Logos* ou razão) que não é nem onisciente nem onipotente e pode nos dar apenas uma pequena parte das grandes promessas ligadas à imagem do Deus onisciente e onipotente; 3) aceitando esse Deus menor, estamos também pacatamente seguros de que o falível e limitado saber que podemos construir não é ilusório.

Talvez quem não sofre de neurose – escreveu nas mesmas páginas a propósito da "ilusão" religiosa – "não tenha necessidade de se intoxicar para acalmá-la". Por constatar o caráter ilusório da religião,

> [...] o homem estará certamente numa situação difícil, deverá reconhecer sua fatal e solitária impotência, sua insignificância: não receberá mais as amáveis atenções de uma benévola providência. Encontrar-

-se-á na mesma situação de quem saiu da casa paterna na qual estava tão protegido e tão confortável. Mas não é verdade que a fase da infância deve ser superada? O homem não pode permanecer infantil, deve se aventurar na "vida hostil". Pode ser chamada "educação à realidade": preciso dizer que a única intenção desse texto é chamar a atenção para a necessidade de se dar esse passo à frente?

Se a ilusão religiosa for desacreditada, então parece que o universo

[...] desaba junto com ela e não resta nada além de perder as esperanças em tudo, na civilização e no futuro da humanidade. Dessa servidão eu, ou melhor, nós somos livres. Por estarmos preparados para renunciar a uma boa parte de nossos desejos infantis, podemos também suportar que algumas de nossas expectativas se revelem ilusões.

Podemos continuar a repetir que o intelecto humano

[...] é fraco se comparado com a vida dos instintos e podemos ter razão quanto a isso. Mas há algo especial nessa fraqueza: a voz do intelecto é baixa, mas não se cala até ser ouvida. No final, depois de inúmeras e repetidas rejeições, o encontra. Esse é um dos poucos pontos sobre os quais podemos ser otimistas em relação ao futuro da humanidade, mas não se trata de um ponto pouco importante.

Também Freud, obviamente, cultivava esperanças. Tenho a impressão de que por isso mesmo ele foi criticado com severidade e por muito tempo. Tais esperanças também podem nos parecer excessivas. Chega até a afirmar que, "tirando do além suas esperanças e concentrando na vida terrena todas as forças que assim passam a ser disponíveis, o homem conseguirá provavelmente tornar a vida suportável *para todos* e a civilização, não mais opressiva para ninguém". "Suportável para todos": é realmente um objetivo que podemos perseguir? Não mais opressiva para ninguém? Extinção das doenças? Extinção de todas as formas de criminalidade? Não é ligado à civilização um certo *mal-estar*? Esse mal-estar é somente ocasional ou é estrutural? De todo modo, Freud cita um de seus "companheiros descrentes", Heine (que, por sua vez, tinha chamado Baruch Spinoza de companheiro descrente):

Den Himmel überlassen wir
Den Engel und den Spatzen

[O céu, nós o abandonamos
Aos anjos e aos pássaros]

Não devemos esquecer que Freud escreve um livro no qual também tem amplo espaço um defensor da religião. Quando faz que seu interlocutor intervenha, insere as perguntas que acabaram de ser formuladas. Faz que diga: "agora vamos inverter os papéis, o senhor se apresenta como o sonhador que se deixa transportar pelas ilusões, eu represento a presunção da razão, o bom direito do ceticismo".

Hoje é difícil, ao reler esse livro, não pensar em seu título extraordinário (que só ele seria suficiente para falsificar toda e qualquer hipótese de um Freud positivista): *O futuro de uma ilusão*. Ilusões que têm um futuro, que não são um tipo de lixo do qual o gênero humano pode se livrar facilmente. Onze anos antes dos grandes processos de Moscou e da transformação das Igrejas ortodoxas em museus do ateísmo, Freud exprimia uma convicção precisa: toda tentativa de eliminar a religião violenta e repentinamente é um propósito ao mesmo tempo "absurdo" e "desesperado". E se fosse possível realizá-lo, continuava, "seria uma crueldade". Acreditava que valia a pena "tentar oferecer uma educação irreligiosa". Mas afirmava também que, se a experiência mostrasse no futuro a ineficácia dessa tentativa, quem na posteridade pensasse como ele teria de renunciar às "expectativas recíprocas".

Ao contrário dos positivistas, materialistas históricos e materialistas dialéticos, marxistas, anárquicos, radicais, transumanistas, ateus militantes de vários tipos e diferentes proveniências, Freud sabia perfeitamente que o ateísmo não tem nada de triunfalista, na verdade tem a ver com os limites e com a aceitação dos limites, tem a ver com uma renúncia, com o abandono da bem enraizada Grande Esperança.

9. Irreligiosidade

Freud esclarece sobretudo um aspecto. Os críticos, afirma, insistem em definir como *profundamente religiosa* uma pessoa que possui uma viva percepção da pequenez e da impotência humana diante do universo, "embora o sentimento que constitui a essência da religiosidade não seja esse, mas só o passo imediatamente sucessivo, a reação que busca uma ajuda contra tal sentimento". A conclusão deve ser enfatizada: "Quem não vai além, quem humildemente se resigna ao papel insignificante do homem no vasto mundo, esse sim é realmente irreligioso no sentido mais verdadeiro da palavra".[19]

Resignar-se à insignificância não é efetivamente fácil. Sob esse ponto de vista, os "irreligiosos" são uma minoria de fato muito exígua. Até mesmo onde se esperaria o máximo da sofisticação, encontram-se na verdade as admissões mais ingênuas. Como vimos no segundo capítulo, Asor Rosa sente a necessidade de "preencher a nua, empírica, cotidiana e muitas vezes medíocre frequentação da história com uma perspectiva menos precária". Falava de um tipo de burburinho, de uma voz antiga.[20] Só aparentemente diversa dela é, por exemplo, a posição de Cesare Cases, que define a utopia como "uma pequena luz no fim do túnel", fala de si mesmo como sendo "um judeu que ainda está esperando a chegada de um messias laico" e, a propósito da pequena luz, declara: "eu não a vejo, porém creio que seja bom imaginá-la". Nessas bases, continua a seguir tenazmente o "modelo cristão-hegeliano-marxista da história", ou seja, uma história que segue na direção de um futuro determinável, que se dirige para algum lugar. Sob essa perspectiva, afirma Claudio Magris, Cases "faz um tipo de reavaliação do Cristianismo".[21]

---

19 Freud, *Il disagio della civiltà e altri saggi*, p.173, 188, 191.
20 Asor Rosa, *Fuori dall'Occidente, ovvero ragionamento sull'Apocalissi*, p.vii, viii.
21 Magris, "Attenti all'utopia", *Corriere della Sera*, 9 maio 2008.

10. A esperança e a piedade

Quem não tem um Deus se destacou das ilusões da infância. Reconhece sua própria impotência, sua insignificância. Temos de apreciar a grandeza dessas páginas de Freud. Porque a visão do mundo que foi de Lucrécio, Hobbes, Diderot, Leopardi, Darwin e mesmo de Freud não tem na realidade nada de excitante. Não tem quase nada a ver com o *Ballo Excelsior* [Dança Excelsa] nem com o *Sole dell'Avvenire* [Sol do Futuro]. Não parece em nada com as ideologias que se basearam em Marx (ou em Marx e Nietzsche juntos), teorizando como conjunto iminente e possível o advento de um *homem novo*, de um *super-homem*, um homem *além do homem*.

Embora traga consigo muitas perguntas e poucas certezas, essa irreligiosidade não tem nada de resignação. Não tem nada a ver, como gostariam alguns dos defensores das religiões, nem como o culto do eu nem com a indiferença em relação aos sofrimentos dos outros. Entre as questões que acompanham essa tradição "ímpia", uma, que sempre me pareceu a mais inquietante, é motivada pela piedade pelos outros seres humanos e ressoa imutável desde os tempos de Averróis e Pietro Pomponazzi. Essa questão ressurge com ímpeto mesmo no *Dialogo tra un venditore di almanacchi e un passeggero* [Diálogo entre um vendedor de almanaques e um transeunte] de Giacomo Leopardi, o qual, no pensamento 4169 do *Zibaldone*, tinha escrito que o homem e os outros animais "não nascem para gozar a vida, mas somente para perpetuar a vida".

O título que Freud deu a essas suas páginas (considerando a ideia de que a ilusão religiosa tenha um futuro) faz surgir uma questão. Quem é irreligioso e acha suportável que haja somente esperanças sensatas e que não exista ao contrário lugar para uma ilusória Grande Esperança não pode deixar de fazer a si mesmo uma pergunta: *todos* podem suportar realmente o abandono da ilusão? Aquele deus, que é o *logos* e a razão, que não é muito poderoso e pode realizar somente uma pequena parte do que seus predecessores prometeram, pode se tornar o deus de todos? O transeunte do *Diálogo* de Leopardi tinha esclarecido bem que ninguém gostaria realmente de reviver a própria vida e que "a vida que é uma coisa bela não é a vida que se conhece, mas aquela que não se conhece, não a vida passada, mas a futura". Fica a ilusão de que o acaso, com o novo ano, começará "a tratar bem a vocês, a mim, a todos os outros e a vida feliz iniciará". "Tomara!", exclama o vendedor de almanaques. Para ele, Giacomo Leopardi deixa a última palavra. O transeunte fala ao seu ingênuo interlocutor com tom quase afetuoso. O valor da piedade parece, aqui, ser preeminente em relação ao valor da verdade.

Essa questão nos acompanha há muito tempo. Tem realmente sentido tirar as esperanças dos seres humanos, embora se saiba que algumas delas (por exemplo, a esperança da imortalidade ou de um prêmio para os justos e um castigo para os maus) são ilusórias? Tem sentido *persuadir a não esperar*? Ou deveríamos ainda considerar Pietro Pomponazzi que, fazendo referência a Averróis, escreveu em seu *De incantationibus*:

> A linguagem das Leis é parecida com a língua dos poetas. Eles fingem fábulas que, se interpretadas

Esperanças

literalmente, não têm nenhum sentido, mas contêm uma verdade profunda e têm o objetivo de instruir o vulgo ignorante. Este último deve ser persuadido para o bem e ser mantido afastado do mal assim como se faz com as crianças que são conduzidas ao bem e afastadas do mal pela esperança de um prêmio ou pelo temor de um castigo.[22]

Kant pensava que acreditar num lugar em que se realize o que chamava "a união da virtude e da felicidade" e no qual não sejam perdidas as boas ações feitas na Terra exprimisse uma necessidade moral subjetiva, uma necessidade prática da razão. A necessidade de acreditar que a ferocidade animalesca será punida e a generosidade e o altruísmo serão premiados é muito arraigada em cada um de nós. Mesmo os que pensam que isso não acontecerá, na verdade, gostariam que ocorresse. Mesmo quem pensa que a presença humana no universo é como se fosse uma florescência de breve duração, destinada a ser levada pelo rio do tempo, sente que esse pensamento sufoca uma esperança profunda e entra em contraste com ela.

Podemos continuar a pensar firmemente que não há nenhuma certeza de que seja verdade o que esperamos e falso o que contradiz nossas esperanças e, todavia, mesmo estando convictos disso, sentimos (como está escrito no livro *O acaso e a necessidade* de Jacques Monod, sem dúvida a obra de um "companheiro descrente") que isso é, para cada um, "fonte de angústia".

---

22 Pomponazzi, *De incantationibus*, p.201-2.

Creio enfim que, sem ceder às ilusões (ou às muitas caricaturas de religiões existentes na filosofia do século XX), seja possível continuar a viver com uma dose suportável de angústia (a qual, como se sabe, aflige indistintamente todos os seres humanos, inclusive os que se entregam à Grande Esperança) e também "perseverar com toda sobriedade a cada dia, sem perder o arrebatamento da esperança, num mundo que, por sua natureza, é imperfeito".[23]

---

23 Bento XVI, *Spe Salvi*, 31.

Referências bibliográficas

AMÉRY, J. *Intelettuale a Auschwitz*. Turim: Bollati Boringhieri, 1987.

ANGELONI, I. Gli Europei votino: tutti assieme. *Corriere della Sera*, 29 jun. 2008.

ASOR ROSA, A. *Fuori dall'Occidente, ovvero ragionamento sull'Apocalissi*. Turim: Einaudi, 1991.

_____. *La guerra*. Sulle forme attuali della convivenza umana. Turim: Einaudi, 2002.

BACON, F. *Scritti filosofici*. Turim: Utet, 1974.

BENNETT, O. *Pessimismo culturale*. Bolonha: Il Mulino, 2003.

BLOCH, E. *Il principio speranza*. Milão: Garzanti, 2005. [Ed. bras. *O princípio esperança*. 3v. Rio de Janeiro: Contraponto, 2005].

BOBBIO, N.; ASOR ROSA, A. *Dialogo sull'Apocalissi*. Turim: Einaudi, 2002.

BRECHT, B. *Poesie*. Turim: Einaudi, 2005.

BROWNING, C. *Uomini comuni*. Turim: Einaudi, 1992.

BRUCKNER, P. *La tirania della penitenza*. Saggio sul masochismo occidentale. Parma: Guanda, 2007.

CHERCHI, M.; CHERCHI, P. *De Martino*. Nápoles: Liguori, 1987.

DARWIN, C. *L'origine dell'uomo*. Roma: Editori Riuniti, 1966.

_____. *Charles Darwin's Notebooks 1836-1844*. Cambridge: Cambridge University Press, 1987.

DIAMONE, L. *Developing Democracy*: Toward Consolidation. Baltimore: The Johns Hopkins Universtiy Press, 1999.

ECO, U. *A passo di gambero*. Guerre calde e populismo mediatico. Milão: Bompiani, 2006.

ENGELS, F. *Anti-Dübring* (1878), *Terza Sezione: Socialismo II. Elementi teorici*, 1878.

FERRARIS, M. Fenomenologia e occultismo. In: VATTIMO, G. (Org.). *Filosofia '88*. Roma-Bari: Laterza, 1989, p.186-8.

FLECK, L. *Genesi e sviluppo di un fatto scientifico*. Bolonha: Il Mulino, 1983.

FRANCESCHINI, E. Il supertopo che non si ferma mai. *La Repubblica*, 3 nov. 2007.

FREUD, S. Una difficoltà per la psicoanalisi (1917). In: MUSATTI, C. L. *Freud con antologia freudiana*. Turim: Boringhieri, 1959, p.247-8.

_____. *Il disagio della civiltà e altri saggi*. Turim: Boringhieri, 1971.

GNOLI, A.; VOLPI, F. *L'ultimo sciamano*. Conversazioni su Heidegger. Milão: Bompiani, 2006.

HABERMAS, J. *La costellazione postnazionale*. Milão: Feltrinelli, 1999.

_____. *Il futuro della natura umana: i rischi di una genetica liberale*. Turim: Einaudi, 2002.

HAMBREY, M. J. The record of Earth's Glacial Climate during the Last 3000 Ma. *Terra Antartica Reports*, 3, 1999.

HERSCH, L. Les enjeux du débat autour de Heidegger. *Commentaire*, 42, 1998.

HITLER, A. *La mia battaglia*. Milão: Bompiani, 1940.

HÖFFE, O. *Globalizzazione e diritto penale*. Turim: Edizioni di Comunità, 2001.

HOLLANDER, P. *Pellegrini politici:* intellettuali occidentali in Unione Sovietica, Cina, Cuba. Bolonha: Il Mulino, 1988.

JONAS, H. *Sull'orlo dell'abisso*. Turim: Einaudi, 2000.

KANT, I. *Per la pace perpetua*. Milão: Feltrinelli, 1991.

LAYZER, J. A.; MOOMAW, W. R. Postfazione. In: EMANUEL, K. *Piccola lezione sul clima*. Bolonha: Il Mulino, 2008.

LOCKE, J. *Saggio sull'intelletto umano*. Bari: Laterza, 1972.

LÖWITH, K. *Significato e fine della storia*. Milão: Comunità, 1963.

_____. *La mia vita in Germania*. Milão: Il Saggiatore, 1998.

MAGRIS. Claudio. Attenti all'utopia. *Corriere della Sera*, 9 maio 2008.

MARCHESINI, R. *Discussione su "Post-human*. Verso nuovi modelli di esistenza. Turim: Bollati Boringhieri, 2002.

MARTINO, E. de. *Il mondo magico*. Turim: Einaudi, 1973.

MILGRAM, S. *Obbedienza all'autorità*. Milão: Bompiani, 1975.

MUSIL, R. *L'uomo senza qualità*. Turim: Einaudi, 1957.

OROMBELLI, G. Le glaciazioni e le variazioni climatiche. In: _____. *Le scienze della Terra*: una chiave di lettura del mondo in cui viviano. Istituto Lombardo Accademia di Scienze e Lettere, 2000.

_____. Le variazioni dei ghiacci alpini negli ultimi diecimila anni. In: *Quaderni della Società Geologica Italiana*. Mar. 2007, p.11.

PINTOR, L. *Sevabo:* memoria di fine secolo. Turim: Bollati Boringhieri, 1991.

POMPONAZZI, P. *De incantationibus*. Basileia: G. Gratarol, 1567.

PORTINARO, P. P. *Il principio disperazione*. Tre studi su Günther Anders. Turim: Bollati Boringhieri, 2003.

SCHIAVONE, A. *Storia e Destino*. Turim: Einaudi, 2007.

SIMON, H. A. *A ragione nelle vicende umane*. Bolonha: Il Mulino, 1983.

STEILA, D. *La religione dll'umanità*. Gli inizi del collettivismo di Gorkij (1907-1910). In: Annali dell'Istituto Universitario Orientale di Napoli. *Slavistica*, 1995, 3, p.303-25.

STEVENSON, R. L. *Il dottor Jekyll e altri racconti*. Florença: Sansoni, 1996.

STRANGE, S. *Denaro impazzito*. Turim: Edizioni di Comunità, 1999.

SZILARD, L. *La voce dei delfini*. Milão: Feltrinelli, 1961.

TALEB, N. N. *Il cigno nero*: come l'improbabile governa la nostra vita. Milão: Il Saggiatore, 2008.

VACCA, R. *Rinascimento prossimo venturo*. Milão: Mondadori, 1986.

VAJ, S. em *Biopolitica*. Il nuovo paradigma. Milão: Editrice Barbarossa, 2005.

VISCONTI, G. Scienziati Usa insieme a Bush. In: Corriere della Sera, abr. 2001.

_____. *Clima estremo*. Un'introduzione al tempo che ci aspetta. Milão: Boroli Editore, 2007.

WAAL, F. de. *La scimmia che siamo:* il passato e il futuro della natura umana. Milão: Garzanti, 2006.

WEIL, S. Lettera a Georges Bernanos. In: BERNANOS, B. *Sulla guerra*. Scritti 1933-1943. Milão: Pratiche, 1998. p.49-54.

ZIMBARDO, P. *L'effetto Lucifero*. Milão: Raffaello Cortina, 2008.

Referências eletrônicas

BOSTROM, N. *Transhumanist Values*. Disponível em: <www.nickbostrom.com/ethics/values.html>.

CORTESI, L.; TIMPANARO, S. Marxista e leopardiano. *Giano*, 36, set.-dez. 2000. Disponível em: <http://www.odradek.it/giano/archivio/2000/Cortesi36.html>.

HANSON, R. Disponível em: <http://www.news.com.au/story/0,23599,226953672,00.html>.

LEVI, L. Disponível em: <http://italy.peacelink.org/europace/articles/art_6650.html>.

VATICANO. Discurso de Bento XVI aos jovens e aos seminaristas, Nova York, 19 abr. 2008. Disponível em: <http://www.vatican.va/holy_father/benedict_xvi/speeches/2008/april/documents/hf_ben_xvi_spe_20080419_st-joseph-sem>.

SOBRE O LIVRO

Formato: 12 x 21 cm
Mancha: 18,5 x 44,5 paicas
Tipologia: Iowan Old Style 10/14
Papel: Pólen Soft 80 g/m² (miolo)
Cartão Supremo 250 g/m² (capa)
1ª edição: 2013

EQUIPE DE REALIZAÇÃO

Capa
Estúdio Bogari

Edição de texto
Silvia Massimini Felix (Copidesque)
Fabiano Calixto (Preparação de original)
Johannes C. Bergmann (Revisão)

Editoração eletrônica
Eduardo Seiji Seki (Diagramação)

Assistência editorial
Jennifer Rangel de França

Impressão e Acabamento

FARBE DRUCK
gráfica e editora ltda.